CALLWEY

KÖNIGLICH UND KÖSTLICH

DANKSAGUNG

Zur Verwirklichung dieses Buches haben viele Menschen einen wichtigen Beitrag geleistet: alle diejenigen, die in den letzten Monaten eifrig daran mitgearbeitet haben und alle, für die ich viele Jahre lang kochen durfte und die immer sehr großzügig mit Lob und Ermunterung waren.

Ich danke meinen wunderbaren Eltern, deren beständige Unterstützung, Ermutigung, deren Erziehung und Liebe es mir ermöglicht haben, meine Träume zu verwirklichen, ihnen kann ich gar nicht genug danken. Ihre harte Arbeit und völlige Hingabe an die Familie ist schwer zu überbieten und motiviert mich, ständig weiter an mir zu arbeiten.

Schon als ich noch sehr jung war, gab meine Mutter mir freie Hand in ihrer Küche und brachte mir sehr viel bei. Ihre Geduld, Ermutigung, ihr großes Wissen, ihre Begabung, ihr Humor und ihre Aufrichtigkeit machten sie zur besten Kochlehrerin, die man sich nur wünschen kann. Mit Mamas positiver Haltung und ihrer erstaunlichen Tatkraft schien nichts unüberwindlich zu sein.

Auch meinem Vater danke ich, der es mir als begeisterte Sechsjährige erlaubte, die Herrschaft in der Küche zu übernehmen, wenn meine Mutter einmal nicht da war. Ich bin nicht sicher, ob ich ihm die Wahl ließ; sein Lob und seine Wertschätzung für einige doch eher angebrannten Speisen in dieser Zeit gaben mir jedoch das Gefühl, kochen zu können, lange bevor ich es wirklich konnte! Das inspirierte mich, nach Höherem zu streben.

Meinen großen Brüdern und großen Schwestern Rodney, Deirdre, Stuart und John danke ich dafür, dass sie mir immer geholfen und mich auf vielerlei Weise unterstützt haben, obwohl sie weit verstreut in aller Welt leben.

IKH dem Duke und der Duchess of Gloucester möchte ich für die wunderbaren beiden Jahre danken, die ich bei ihnen als Köchin arbeiten durfte. Ich kam direkt von der Kochschule und musste noch viel lernen, wobei mir das große Vertrauen, das sie meinen Kochkünsten entgegenbrachten, sehr half. Ich hätte nirgends eine bessere erste Anstellung haben können und es gab nicht einen Tag, an dem ich mich nicht freute, morgens meine Kochschürze anzuziehen.

SKH dem Prince of Wales möchte ich für elf unglaubliche, fantastische Jahre als seine Köchin danken. Es war ganz einfach mein Traumjob und bot mir als junger Köchin wunderbare Erfahrungen, von denen ich mein Leben lang zehren werde. Der Einfluss SKH wirkte sich auf die Art meines Kochens aus und ließ mich immer über die Herkunft der verwendeten Zutaten nachdenken. Dafür werde ich ihm immer sehr dankbar sein. Ich empfinde es als enormes Privileg, diese Stellung gehabt haben zu dürfen.

In den letzten vier Monaten haben viele begabte und hart arbeitende Menschen eine Menge Energie in dieses Projekt gesteckt, wobei jeder Beitrag auf seine Weise etwas Besonderes ist. Bill Schwartz in Los Angeles und Michael Lou in Deutschland danke ich für die viele Arbeit hinter den Kulissen und den wichtigen „Papierkram", um den sie sich kümmerten.

Marcella Prior-Callwey und dem großartigen Team des Callwey-Verlags danke ich sehr dafür, dass ich die Möglichkeit erhielt, dieses Buch Wirklichkeit werden zu lassen und für ihre viele Arbeit und Hingabe an dieses Projekt.

Simon Brown danke ich für seinen gewaltigen Beitrag zu diesem Buch, Liz Bauwens für ihr geübtes Auge, das die richtigen Requisiten wählte, um alle Gerichte besonders vorteilhaft in Szene zu setzen. Die zehn langen Tage des Foto-Shootings waren definitiv der „amüsante" Teil der Arbeit an diesem Buch. Beiden danke ich von Herzen für die Wärme und Gastfreundschaft, die sie mir und meinem Gefolge von Baby und Babysitter entgegenbrachten und für die herrliche Tasse Kaffee, die ich immer bekam, wenn ich nach einer langen Fahrt bei ihnen durch die Türe trat.

Mein Dank geht an Akane Miyoshi für die schönen Illustrationen. Jede einzelne ist bis ins kleinste Detail perfekt. Von den kleinsten wie Äpfeln bis zu kompliziertesten wie Palästen verdienen sie eigentlich ein eigenes Buch!

Ich danke meinem Vater, meiner Schwester Deirdre, meinen Nichten Katy Aldrich und Sally Reford und meinen lieben Freundinnen Tessa Vardigans, Sheena Wooding und Becky Varian für ihre großartige Hilfe als Babysitter während des Foto-Shootings. Ohne euch hätte ich das nicht geschafft!

Meinen beiden wunderbaren Töchtern Lucy und Mandy, die in den letzten Monaten auf einiges an Aufmerksamkeit von mir verzichten mussten, ein großes Dankeschön und eine dicke Umarmung. Ich freue mich sehr, dass ich Lucy auf ihre fast allabendliche Frage „Ist das Buch jetzt fertig, Mami?" endlich „ja" antworten kann und nun wieder Zeit habe, jeden Abend mindestens vier Gute-Nacht-Geschichten vorzulesen. Meiner kleinen Mandy, die bei jedem Foto-Shooting dabei war, wobei sie beim ersten gerade einmal vier Monate alt war und die manche Stunde im Tragetuch verbracht hat, während wir Petersilienstängel auf einer Platte immer wieder anders anordneten, danke ich für ihr gutmütiges Naturell.

Der allergrößte Dank geht an meine wunderbare Schwester Deirdre, ohne die ich ganz einfach niemals in der Lage gewesen wäre, ein derartiges Vorhaben überhaupt nur in Erwägung zu ziehen. Sie hat alles Erdenkliche getan, um mir zu helfen… und noch viel mehr: Endlos hat sie meine Kinder gehütet, hat Korrektur gelesen, Rezepte ausprobiert, den Hund Gassi geführt, Requisiten ausfindig gemacht, Zutaten eingekauft (und drei Monate lang unsere gesamte Wäsche gebügelt!) und sie war eine Quelle beständiger moralischer Unterstützung, vernünftiger Beratung und Ermutigung! Für Lucy und Mandy ist sie die perfekte Patentante. Für mich ist sie die große Schwester, an die ich mich in allen Belangen zu jeder Tages- oder Nachtzeit wenden kann. ICH DANKE DIR!

CALLWEY

KÖNIGLICH UND KÖSTLICH

Rezepte und Geschichten aus dem britischen Königshaus

Carolyn Robb

The Royal Touch

mit Blumenarrangements
von Sarah Champier

To Mum,
my inspiration and the greatest cook of all

INHALT

EINLEITUNG

Diese Sammlung von 80 meiner Lieblingsrezepte ist mit sehr denkwürdigen Augenblicken der verschiedensten Stationen meiner „kulinarischen Lebensreise" verbunden. Diese Reise ging über drei Kontinente und dauerte mehrere Jahrzehnte. Sie verschaffte mir das große Privileg, außergewöhnlichen Menschen zu begegnen.

Aufgewachsen bin ich in Südafrika und dort hat auch alles begonnen. Von klein auf hing ich ständig bei meiner Mutter in der Küche am Schürzenzipfel. Sie war eine wunderbare Köchin und großartige Lehrerin für mich. Sie war und ist bis heute meine größte Inspirationsquelle. Als sehr beschäftigte fünffache Mutter führte sie ein strenges Regiment. Durch sie lernte ich viele wertvolle Lektionen, die mir bei der Arbeit in jeglicher Küche immer wieder von Nutzen waren, ob im Königshaus oder andernorts. Wir hatten einen Garten, der uns dank der harten Arbeit meines Vaters und seines „grünen Daumens" eine Fülle an fantastischen frischen Produkten lieferte. Dort gab es alles, von Macadamianüssen über Avocados, Guaven, Kumquats und Limetten bis zu Kopfsalat. Meine Mutter war ständig damit beschäftigt, einzumachen, Konfitüre zu kochen, zu backen, einzufrieren und abzufüllen.

13 Jahre Königliche Küche – mein Traumjob

Nie durfte etwas vergeudet oder vernichtet werden. „Spare in der Zeit, dann hast du in der Not!", so lautet Regel Nummer Eins in jeder gut geführten Küche. Da wir so viele Produkte aus dem eigenen Garten hatten, aßen wir das Obst und Gemüse, wenn es Saison hatte und auch am besten schmeckt. Die zweite Regel lautet, frische Produkte möglichst immer aus regionalem Anbau zu beziehen und daher zur Jahreszeit passend zu verzehren. Widerstehen Sie der Versuchung, Produkte außerhalb ihrer Saison zu kaufen, die vom anderen Ende der Welt eingeflogen werden, denn damit tun Sie weder Ihrem Gaumen noch unserem Planeten einen Gefallen.

Als Studentin arbeitete ich eine Saison lang in einem märchenhaften Schweizer Skisporthotel, wo ich gleichermaßen von dem großartigen Essen und dem fantastischen Skifahren inspiriert wurde. Diese Erfahrung brachte mich zu dem Entschluss, meine Liebe zu Lebensmitteln und zum Kochen zum Beruf zu machen und das Kochen nicht nur zum Spaß zu betreiben.

Mir gefiel jede Minute auf der Kochschule und als ich mein Diplom der *Cordon-Bleu*-Kochschule in der Tasche hatte, fühlte ich mich bereit, die Welt zu erobern. Je mehr ich lernte, desto mehr wollte ich noch dazulernen, je mehr ich kochte, desto mehr wollte ich kochen. Eines Vormittags während der Schule wurde ich ins Büro des Schulleiters gerufen und man sagte mir, dass im Kensington Palace eine Kochstelle frei sei. Ich erhielt die Gelegenheit, mich dort vorzustellen. Natürlich ergriff ich sie beim Schopfe. Ich kaufte mir sofort ein schickes Kostüm für das Bewerbungsgespräch und machte mich zum Kensington Palace auf. Das erste Gespräch verlief gut und man lud mich zu einem zweiten ein, bei dem ich Ihre Königliche Hoheit die Duchess of Gloucester traf. Obgleich ich etwas durcheinander geriet bei dem Versuch, den Hofknicks, die Begrüßung „Guten Morgen Königliche Hoheit" und das Händeschütteln einigermaßen vorschriftsmäßig zu absolvieren, verlief das Gespräch ansonsten gut. Im September 1987 zog ich im Apartment 1 Kensington Palace ein und trat meine erste Stelle als Köchin an! Die folgenden beiden Jahre waren sehr glücklich. Für Ihre Königlichen Hoheiten den Duke und die Duchess of Gloucester und ihre drei Kinder zu kochen, war ein Vergnügen und ein sehr großes Privileg.

Im Sommer 1989 wurde ich eingeladen, in Highgrove House in Gloucestershire für Ihre Königlichen Hoheiten den Prince und die Princess of Wales ein Abendessen zu kochen, die auf der Suche nach einem neuen Koch waren. Es war äußerst nervenaufreibend, sogar für jemanden wie mich, die

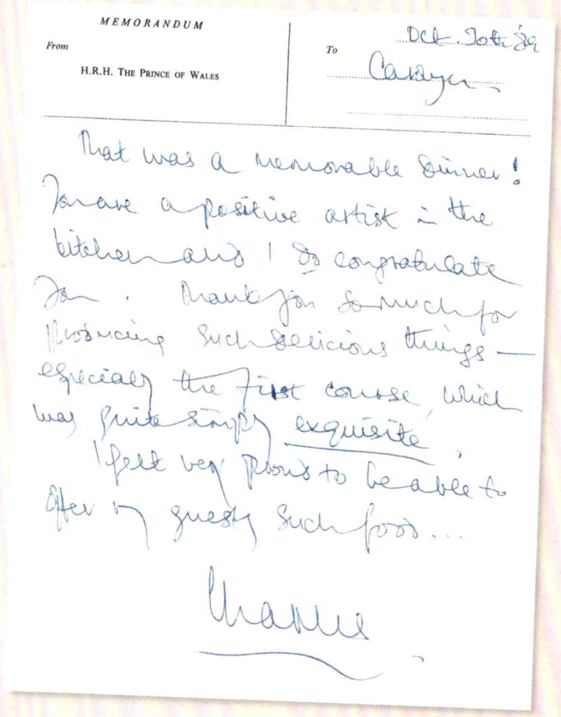
MEMORANDUM

From H.R.H. The Prince of Wales

To Carolyn

Oct. 30th '89

That was a memorable dinner! You are a positive artist in the kitchen and I do congratulate you. Thank you so much for producing such delicious things – especially the first course, which was quite simply exquisite. I feel very proud to be able to offer my guests such food...

Charles

Eine handgeschriebene Dankesnotiz für ein unvergessliches Dinner von SKH Prinz Charles.

Kensington Palace – mein Zuhause für viele Jahre.

sich damit rühmt, immer ruhig und gelassen zu bleiben! Es war mein Traumjob und ich wollte ihn mehr als alles andere.

Auch bei IKH Prinzessin Diana hatte ich im Kensington Palace ein Vorstellungsgespräch. Ich war sehr nervös, Ihrer Königlichen Hoheit erstmals zu begegnen, was jedoch nicht nötig gewesen wäre. Durch ihre warmherzige, freundliche und beruhigende Art fühlte ich mich sofort wohl. Wir sprachen hauptsächlich über die beiden jungen Prinzen und was sie besonders gerne aßen. Ich empfand es gar nicht wie ein Vorstellungsgespräch, glaube sogar, dass ich mehr Fragen stellte als Ihre Königliche Hoheit.

Im September 1989 zog ich von Apartment 1 im Kensington Palace in die Apartments 8 & 9 um, die Londoner Residenz der liebevoll als „The Waleses" bekannten Familie – Prince und Princess mit den beiden jungen Prinzen William und Harry. Dreizehn Jahre lang lebte ich im Kensington Palace. Die meiste Zeit hatte ich im Palast eine wunderbare Wohnung – ein fantastischer Wohnort!

Da ich bereits zwei Jahre im Königlichen Haushalt gearbeitet hatte, war ich mit dem „Protokoll" vertraut. Begegnete man einem Familienmitglied zum ersten Mal am Tag, musste man einen Hofknicks machen. Von den Männern wurde ein Diener verlangt. Angesprochen wurden die Familienmitglieder immer als „Eure Königliche Hoheit". Als die Prinzen noch im Kindes- und Teenageralter waren, lautete ihre Anrede einfach William und Harry.

Mein Leben lang hatte ich Fotos der Königsresidenzen gesehen und bewundert: Kensington Palace, Buckingham Palace, St James's Palace, Balmoral Castle, The Palace of Holyroodhouse und Sandringham House. Plötzlich tauchten sie auf meinem wöchentlichen Arbeitsplan auf und ich hatte die Ehre, alle von innen zu sehen, meist von der Küche aus! Die folgenden elf Jahre bescherten mir die unglaublichsten Erfahrungen, von denen ich mein Leben lang zehren werde. Es gab großartige Veranstaltungen in überwältigenden Palästen, faszinierende Reisen des Königshofs in unerwartete Ecken der Welt und die Gelegenheit, für eine Vielzahl der einflussreichsten und erfolgreichsten Persönlichkeiten unserer Zeit zu kochen. Zu den schönsten Erinnerungen zählt jedoch das „alltägliche" Kochen für die Familie zu Hause.

Wohl kein anderer Kochjob kann so viel Abwechslung bieten wie dieser. Ich kochte in Königlichen Residenzen, Palästen und Schlössern, auf der HMY Britannia in aller Welt. Sogar im „Queen's Flight", dem Flugzeug der Königin, und im „Königlichen Zug" bereitete ich Mahlzeiten zu. Vom Kochen auf der HMY Britannia wird mir die große Hitze in Erinnerung bleiben, die in der kleinen, beengten Kombüse herrschte; jedoch hatten wir immer Spaß mit den Bordköchen, die Seite an Seite mit uns arbeiteten. Die vielen Küchen, in denen ich im Lauf der Jahre stand, reichten von großartig über winzig bis behelfsmäßig. Als Köchin auf Reisen lernte ich die wertvolle Lektion, die auch für das alltägliche Kochen gilt: Um ein leckeres Essen zuzubereiten, braucht man keine toll ausgestattete Küche! Die Fertigkeit besteht darin, den Speiseplan den Gegebenheiten anzupassen und rechtzeitig lückenlos zu planen.

Geburtstagsglückwünsche, Notizen und Weihnachtskarten Ihrer Königlichen Hoheiten.

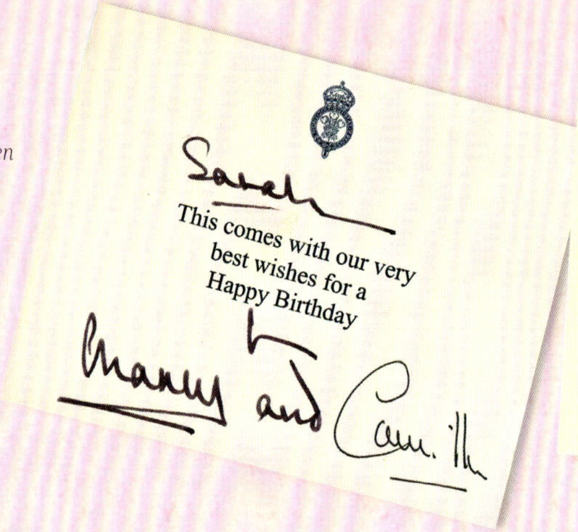
Sarah

This comes with our very best wishes for a Happy Birthday

from Charles and Camilla

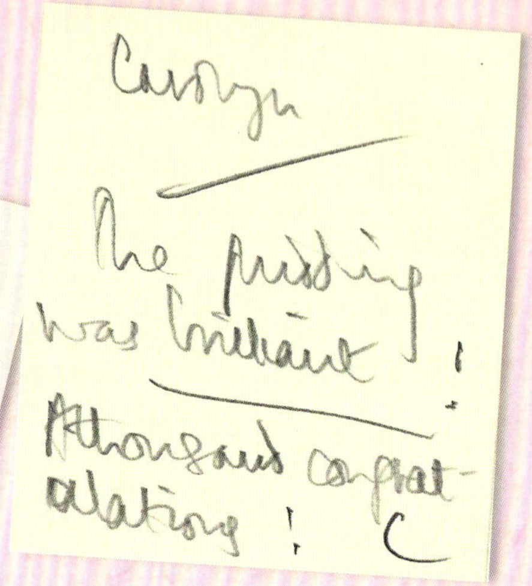
Carolyn

The pudding was brilliant!

A thousand congratulations! C

Damit komme ich gleich auf eine weitere Lektion: Alles möglichst einfach halten! Einmal reiste ich vor Seiner Königlichen Hoheit zu einem kurzen Privatbesuch nach Italien. Als ich in dem Privathaus ankam, in dem wir wohnten, war gerade Mittagszeit. Die Haushälterin bot freundlich an, mir ein Mittagessen zu kochen. Es war ein Teller Spaghetti mit Olivenöl, frischen Tomaten und Basilikum und wir saßen beim Essen gemeinsam draußen unter einem Apfelbaum. Es war eine der perfektesten Mahlzeiten, die ich je gegessen habe! Vier Zutaten aus örtlicher Produktion, einfach zubereitet und angerichtet. Da gab es nichts auszusetzen und es fehlte nichts.

Jeden Tag wurde die Speisekarte in das in Leder gebundene „menu book" geschrieben. Ihre Königlichen Hoheiten wählten aus den verschiedenen Optionen. Bei der Speiseplanung wurde immer berücksichtigt, was gerade Saison hatte und im Garten reifte, unabhängig davon, ob es sich um eine einfache Mahlzeit für eine Person oder ein großes offizielles Arbeitsessen handelte. Der Tag eines Kochs begann früh und endete spät, mit einer mehrstündigen Pause am Nachmittag. Diese Zeit verbrachte man häufig mit dem wunderbaren Gärtner im Nutzgarten in Highgrove, bei der Obsternte oder beim Einkaufen von Lebensmitteln. Wir nutzten die Angebote örtlicher Händler (Metzger, Fischhändler, Bäcker und Lebensmittelhändler) bei jeder der Königlichen Residenzen, die wir aufsuchten. Trotzdem musste immer sehr Vieles eingepackt werden, wenn wir von einem Ort zum nächsten reisten. Alles, was an Selbstgezogenem Saison hatte, wurde mitgenommen. Neben dem Kochen für Ihre Königlichen Hoheiten gab es noch das hungrige Personal zu verköstigen wie Butler, Chauffeure, Kammerdiener, Kindermädchen, Sicherheitspersonal, Sekretäre, Hauswirtschafter und Hausgehilfen. Die große Leidenschaft Seiner Königlichen Hoheit für die biologische Landwirtschaft wurde

Carolyn –

Wishing you a very Happy Christmas and New Year

and with continual thanks for all your marvellous assistance – from Charles

auf seinem eigenen Bauernhof in die Tat umgesetzt. Ich lernte enorm viel darüber und als junge Köchin schätzte und begriff ich, lange bevor es „in" war, wie wichtig die Herkunft der Zutaten und die Frische der Produkte ist.

Alle meine Rezepte sind einfach und ich möchte Sie ermutigen, die Zutaten je nach Saison und Ihren Vorräten abzuwandeln. Eine Mahlzeit muss weder Kaviar noch Hummer oder essbare Goldblätter enthalten, um zu einem großartigen Esserlebnis zu werden. Nötig sind lediglich einfache Zutaten guter Qualität und eine sorgfältige Zubereitung (sowie ein hübsches Anrichten mit reichlich frischen Kräutern!).

Die Präsentation ist tatsächlich sehr wichtig; auch hier denke ich, werden mit einfachen Mitteln die besten Ergebnisse erzielt. Die Auswahl an Geschirr, Besteck, Gläsern und Tischwäsche wirkt sich stark auf den optischen Eindruck einer Mahlzeit aus. Blumen, auch wenn sie noch so einfach sind, gehören unbedingt mit auf den Tisch! Dieses Buch enthält einige „florale Anregungen" von Sarah Champier, die viele Jahre mit Freude als Königliche Floristin tätig war.

Alles, was ich in dieser Lebensphase erlebte, ist und bleibt etwas ganz Besonderes für mich. Nie habe ich unterschätzt, was es für ein Glück war, mit gerade einmal 23 Jahren mit einer so verantwortungsvollen Position betraut zu werden. Immerfort beeindruckten mich die Fürsorge, das Interesse und die Rücksichtnahme, die Ihre Königlichen Hoheiten allen in ihrer Umgebung entgegenbrachten. Ich habe gegenüber der Königlichen Familie gewaltigen Respekt und hege größte Bewunderung für die unglaubliche Arbeit, die sie leistet.

Die nächste Phase meiner beruflichen Laufbahn musste völlig anders aussehen, denn ich wusste, dass es nichts geben würde, was die dreizehn Jahre im Königlichen Haushalt übertreffen konnte. Ich ging nach Dubai, wo ich zwei faszinierende Jahre verbrachte, in denen ich eine völlig neue Kultur beim Essen und im Alltag kennenlernte. Ich machte neue und völlige andere Erfahrungen und freute mich sehr, mich in meinem zweiten Jahr dort einmal auf der anderen Seite der Küchentür zu befinden, als ich jeden Monat rund 50 Restaurants bewertete. Es war aufschlussreich, inspirierend und meist auch sehr köstlich!

Bei meiner Rückkehr ins Vereinigte Königreich verfügte ich über eine Fülle neuer Erfahrungen, die ich bei der Gründung meiner eigenen Firma nutzen konnte. Kurzfristig ging ich für zwei Jahre nach Kalifornien. Dort heiratete ich, wurde jedoch sehr bald Witwe. Trotz meiner wachsenden Liebe für den dortigen Lebensstil und vor allem für die fantastischen frischen Produkte, kehrte ich nach zwei Jahren nach Hause zurück, um wieder näher bei meiner wunderbaren Familie zu sein.

Derzeit koche ich wie eh und je und habe sogar noch mehr Freude daran, wenn ich einfache kleine Speisen zubereite, um Lucy und Mandy, meine beiden kleinen Töchter, damit zu locken. Wenn ich zurückblicke, welchen Weg ich als Folge meiner Liebe zum Essen zurückgelegt habe, kann ich kaum glauben, wie glücklich und privilegiert er verlaufen ist.

HERRLICHE HÄPPCHEN

Leckere kleine Knabbereien

CAPRESE-TÖRTCHEN

BRUSCHETTA MIT DICKEN BOHNEN UND ZIEGENKÄSE

KRÄUTER-PARMESAN-RISOTTO-BÄLLCHEN

MINI-CHICKEN-PIES MIT LAUCH

NEUE KARTOFFELN IN PANCETTA-HÜLLE MIT WÜRZIGEM APFELCHUTNEY

LACHSMAYONNAISE-WRAPS AUF ROMANA-SALAT

SPINAT-FETA-DREIECKE

WALDPILZ-TARTELETTES

SOMMERLICHES MITTAGESSEN

OFFIZIELLES ABENDESSEN

CAPRESE-TÖRTCHEN

mit hausgemachtem Pesto

Die Grundidee für diese kleinen Törtchen stammt von einer meiner italienischen Lieblingsspeisen, dem berühmten „Insalata Caprese" – Salat nach Art der Insel Capri. Wie bei so vielen italienischen Gerichten liegt der Reiz in ihrer Einfachheit. Die vier Zutaten Tomaten, Basilikum, Mozzarella und Olivenöl harmonieren wunderbar und doch spricht jede einzelne für sich selbst. Zweifellos genießt man ein „Caprese" am besten in Italien, denn nirgendwo sonst findet man Tomaten, Basilikum, Mozzarella oder Olivenöl in besserer Qualität!

ZUTATEN

72 Mini-Eiertomaten
3 Thymianzweige
2 EL Olivenöl
Salz
frisch gemahlener schwarzer Pfeffer
Zucker
500 g Butter-Blätterteig
etwas Mehl für die Arbeitsfläche
1 Ei (Größe M)
2 Kugeln Büffelmozzarella
120 g hausgemachtes Pesto (s. Rezept S. 176)

ZUBEREITUNG

* Ergibt 24 Törtchen
* Man braucht 1 runden Ausstecher mit 10 cm Durchmesser, 1 kleines und 2 mittelgroße Backbleche

1. Den Backofen auf 150 °C vorheizen. Jede Tomate waschen, mehrmals anstechen und mit den Thymianzweigen auf ein kleines Backblech legen. Mit Olivenöl beträufeln, mit Salz, Pfeffer und etwas Zucker würzen.
2. Im vorgeheizten Backofen etwa 45 Minuten backen, bis die Tomaten viel Flüssigkeit verloren haben und verschrumpelt aussehen. Während der Backzeit mehrmals wenden. Sobald sie fertig sind, aus dem Ofen nehmen und beiseitestellen.
3. Die Backofentemperatur auf 200 °C erhöhen.
4. Den Blätterteig auf einer leicht bemehlten Arbeitsfläche etwa 5 mm dick ausrollen. 24 kleine Kreise von 10 cm Durchmesser ausstechen. Mit einem kleinen scharfen Messer mit spitzer Klinge jeden Kreis einschneiden.
5. Den Teig mit etwas Wasser bestreichen, dann umschlagen und die umgeschlagenen Ränder unten gut andrücken. Auf zwei mittelgroße Backbleche setzen und 15 Minuten kalt stellen.
6. Das Ei mit etwas Salz verquirlen und den Rand jedes Törtchens damit bestreichen. In die Mitte jedes Törtchens 3 gebackene Tomaten legen. 12 Minuten backen, anschließend die Temperatur auf 180 °C reduzieren und weitere 10 Minuten backen. Die Törtchen sollten schön aufgehen und eine hübsche goldbraune Farbe annehmen.
7. Aus dem Backofen nehmen. Jeden Mozzarella in 12 Stücke zerpflücken und in die Mitte jedes Törtchens ein Stück Mozzarella legen. Erneut für wenige Minuten in den Backofen schieben, damit der Mozzarella schmilzt.
8. Auf jedem Törtchen 1 TL Pesto verteilen. Sofort servieren.

BRUSCHETTA MIT DICKEN BOHNEN

und Ziegenkäse

Wenn Sie Kräcker als Unterlage verwenden, können Sie die Bruschetta sogar in mundgerechte Häppchen verwandeln. Auf einer Platte mit gemischten Knabbereien sorgen sie für hübsche Farbtupfer. Der Ziegenkäse kann durch Parmesan- oder Pecorinospäne ersetzt werden.

ZUTATEN

300 g frische (oder TK) dicke Bohnen (Nettogewicht)

Salz

einige frische Minzestängel

2 EL natives Olivenöl plus etwas zum Beträufeln

abgeriebene Schale und 1 EL Saft von 1 Bio-Zitrone

frisch gemahlener schwarzer Pfeffer

12 Scheiben Sauerteigbrot oder Baguette

115 g Ziegenfrischkäse

ZUBEREITUNG

* Ergibt 12 Stück
* Man braucht 1 Grillpfanne

1. Die dicken Bohnen in kochendem Salzwasser weich kochen. Abgießen, in eiskaltem Wasser abschrecken und schälen. Die Minze waschen und hacken.

2. Die Bohnen in einer Rührschüssel mit Olivenöl, Zitronensaft und -schale und Minze zerdrücken. Mit Salz und Pfeffer würzen.

3. Eine Grillpfanne erhitzen, die Brotscheiben auf beiden Seiten mit etwas Olivenöl beträufeln und von beiden Seiten rösten. Wer keine Grillpfanne hat, kann das Brot auch backen oder grillen.

4. Zum Servieren die zerdrückten dicken Bohnen auf das getoastete Brot häufen. Mit etwas Ziegenfrischkäse belegen und sofort servieren.

KRÄUTER-PARMESAN-RISOTTO-BÄLLCHEN

mit Mozzarella gefüllt

Mit diesem Rezept verwandeln Sie ein Risotto zu Fingerfood! So lassen sich auch Risottoreste gut verwerten – was sich immer gut nach einem Königlichen Lunch anbot, bei dem Risotto auf der Menükarte stand.
Größere Risotto-Bällchen eignen sich gut als Vorspeise. Servieren Sie sie mit einer Salatgarnitur oder einer stückigen Tomatensauce.

ZUTATEN FÜR DEN RISOTTO

500 ml Hühner- oder Gemüsebrühe
3 Schalotten
1 Knoblauchzehe
1 kleine Lauchstange
2 EL Olivenöl
30 g Butter
200 g Carnaroli-Risottoreis
150 ml trockener Weißwein
50 g Parmesan
30 g Crème fraîche
1 Handvoll Basilikumblätter
einige Rucolablätter
1 EL Schnittlauchröllchen
1 Kugel Büffelmozzarella (125 g)

ZUM PANIEREN

etwas Mehl
Salz
frisch gemahlener schwarzer Pfeffer
2 Eier (Größe M)
150 g frische Brotbrösel
1 l Sonnenblumenöl zum Frittieren

ZUBEREITUNG

***** Ergibt etwa 30 Stück

1. Die Brühe in einen großen Topf geben und zum Kochen bringen. Schalotten und Knoblauch schälen, Schalotten fein hacken und Knoblauch durchpressen. Lauch waschen und in dünne Ringe schneiden. Alles in Öl und Butter anbraten, bis die Zwiebeln glasig sind, aber noch keine Farbe angenommen haben.

2. Den Reis einrühren und einige Minuten anschwitzen. Dann den Wein zugießen und unter Rühren kochen, bis die meiste Flüssigkeit verdampft ist.

3. Nach und nach unter ständigem Rühren die heiße Brühe schöpfkellenweise zugießen. Parmesan reiben. Wenn der Reis gerade noch al dente ist, den Topf vom Herd nehmen, Parmesan und Crème fraîche einrühren und abschmecken.

4. Einige Minuten abkühlen lassen, dann Basilikum zerpflücken, Rucola waschen und grob hacken und beides zusammen mit den Schnittlauchröllchen unterrühren.

5. In eine flache Schüssel streichen und auskühlen lassen. Den Mozzarella in 30 Stückchen zerzupfen. Sobald die Masse kalt ist, kleine Bällchen formen und jeweils in die Mitte ein Stückchen Mozzarella packen.

6. Jedes Bällchen zuerst in mit Salz und Pfeffer gewürztem Mehl, dann in mit etwas Salz verquirltem Ei und zuletzt in den Brotbröseln wenden und kalt stellen.

7. In Sonnenblumenöl goldgelb und knusprig frittieren. Auf Küchenpapier abtropfen lassen und sofort servieren.

Menu

Risotto of Garden Vegetables

Herb Roast Highgrove Lamb
with a Thyme Jus

"Assiette" of Desserts
(created using Duchy Originals products)

The Orchard Room, Highgrove House
Tuesday 29th June 1999

Menükarte eines offiziellen Geschäftsessens in Highgrove – Risotto mit Gartengemüse bildete die Vorspeise.

MINI-CHICKEN-PIES

mit Lauch

Mein Rezept ist für mundgerechte Pies gedacht, Sie können diese jedoch in ganz beliebiger Größe zubereiten. Ich brate für die Füllung eine Hähnchenbrust, man kann im Sinne der Resteverwertung aber auch Überbleibsel vom Brathähnchen nehmen. Falls Lauch gerade nicht Saison hat, nehmen Sie stattdessen Zuckermais, Artischocken oder gebratene Paprika.

ZUTATEN FÜR DEN TEIG

115 g Butter
225 g Mehl plus etwas für die Arbeitsfläche
Salz
3 TL Pinienkerne
1 Eigelb (Größe M)
2 TL Sesam
1 TL Mohn

FÜR DIE FÜLLUNG

1 gebratene Hähnchenbrust mit Haut (etwa 140 g)
140 g Lauch
30 g Butter
frischer Thymian
60 ml (5 EL) Crème fraîche
Salz
frisch gemahlener schwarzer Pfeffer
1 Ei (Größe M)

ZUBEREITUNG

* Ergibt 12 Mini-Pies
* Man braucht 12 Törtchenformen mit 5 cm Durchmesser oder 1 Muffinform mit 12 kleinen Mulden

1. Für die Zubereitung des Teigs am besten eine Küchenmaschine verwenden, es geht aber auch per Hand. Butter, Mehl, 1 große Prise Salz und Pinienkerne zu einer feinbröseligen Masse verarbeiten.
2. Eigelb mit 4 EL Wasser verquirlen. Sesam und Mohn in den Teig geben und bei laufender Küchenmaschine langsam das verquirlte Eigelb einfließen lassen, eventuell wird nicht die gesamte Flüssigkeit benötigt.
3. Wenn der Teig weitgehend vermischt ist, auf einer bemehlten Arbeitsfläche fertigkneten. (Wenn er zu lange geknetet wird, wird er allerdings sehr zäh und hart!)
4. Den Teig in Frischhaltefolie wickeln und 20 Minuten im Kühlschrank ruhen lassen.
5. Währenddessen die Füllung zubereiten. Dafür das gebratene Hähnchenfleisch sehr fein würfeln. Den Lauch waschen, fein würfeln und in der Butter weich dünsten. Hähnchenfleisch, Thymianblättchen und Crème fraîche unterrühren. Mit Salz und Pfeffer abschmecken und kalt stellen.
6. Nun den Teig ausrollen, 12 Kreise ausstechen und die Förmchen damit auslegen. Für jeden Pie auch einen Deckel aus dem Teig schneiden. Den Backofen auf 200 °C vorheizen.
7. Jeden Mini-Pie großzügig mit der Hähnchenmasse füllen. Die Teigdeckel auf die Pies setzen, hierfür die Unterseite mit etwas Wasser bestreichen, damit die Deckel gut halten.
8. Das Ei mit 1 Prise Salz verquirlen und jeden Pie damit bestreichen. 20 Minuten backen, falls nötig auch etwas länger.

NEUE KARTOFFELN IN PANCETTA-HÜLLE

mit würzigem Apfelchutney

Dies ist mein persönlicher Favorit unter den „herrlichen Häppchen" und noch dazu unglaublich einfach. Mit nur drei Zutaten und einer minimalen Vorbereitungszeit ist dieses Rezept perfekt, wenn Sie wenig Zeit haben. Sie können die leckeren kleinen Nuggets auch auf dem Grill zubereiten, um kleinen Hungerattacken zuvorzukommen, während darauf gewartet wird, dass die Würstchen fertig werden! Aus dem französischen Département Haute-Savoie stammt ein herzhaftes Gericht, das „Tartiflette" heißt. Die cremige Zubereitung aus Käse, Kartoffeln und Schinken wird sehr heiß serviert. Ich liebe dieses Gericht und wollte daher unbedingt ein Canapé auf dieser Grundlage kreieren, das man mit den Fingern essen kann. Das folgende Rezept ist dabei herausgekommen.

ZUTATEN

24 sehr kleine neue Kartoffeln
Salz
50 g Parmesan
24 sehr dünne Scheiben Pancetta

ZUM SERVIEREN

würziges Apfelchutney (s. Rezept S. 208)

ZUBEREITUNG

* Ergibt 24 Stück
* Man braucht 1 mittelgroßes Backblech und einige Cocktailspieße

1. Die Kartoffeln waschen und in Salzwasser etwa 15 Minuten kochen, bis sie weich sind. Den Backofen auf 200 °C vorheizen. Den Parmesan fein reiben. Die noch warmen Kartoffeln im Parmesan wälzen. Jede Kartoffel in eine Scheibe Pancetta wickeln und mit einem Cocktailspieß fixieren. Auf ein Backblech setzen und 12–15 Minuten backen.

2. Sofort servieren, das Chutney als Dip dazu reichen.

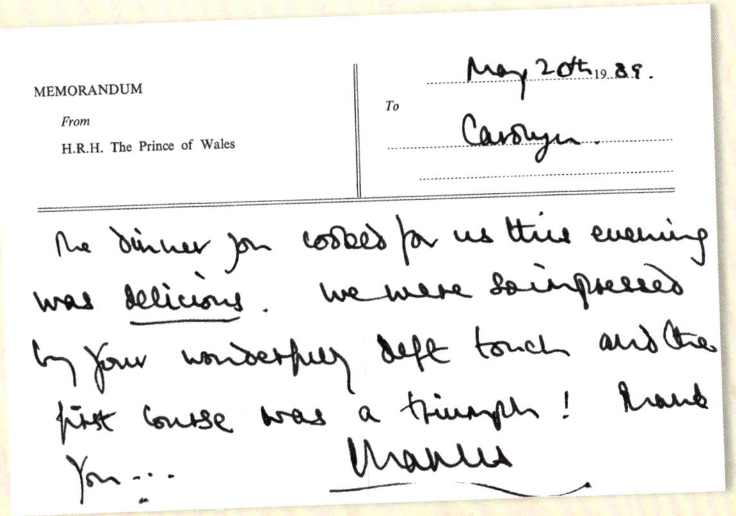

MEMORANDUM
From
H.R.H. The Prince of Wales

May 20th 19 88.
To Carolyn.

The dinner you cooked for us this evening was delicious. We were so impressed by your wonderfully deft touch and the first course was a triumph! Thank you... Charles

Dieses Brieflein erhielt ich, nachdem ich im Rahmen meiner Bewerbung in Highgrove ein Abendessen für IKH den Prince und die Princess of Wales gekocht hatte. Damals war ich äußerst nervös, weil ich den Job unbedingt bekommen wollte!

LACHSMAYONNAISE-WRAPS

auf Romana-Salat

Lachsmayonnaise habe ich bereits an vielen Orten in aller Welt zu den unterschiedlichsten Anlässen serviert: Bei einem Büffet ist sie eine beliebte Zutat, man kann sie problemlos zu einem Picknick mitnehmen – und auch zu einem späten kalten Abendessen passt sie hervorragend. Sogar auf Reisen habe ich sie schon häufig als kleine Stärkung mitgenommen. Alles, was Sie noch dazu brauchen, sind neue Kartoffeln mit Minze und ein Tomaten-Basilikum-Salat als Beilage.

ZUTATEN

250 g gedünsteter Lachs

24 kleine Blätter Little-Gem-Salat oder Römersalat

24 kleine Dillstängel zum Garnieren

FÜR DIE GRÜNE MAYONNAISE

eine Handvoll Rucola- und Minzeblätter

100 g Mayonnaise

abgeriebene Schale von 1 Bio-Zitrone

frisch gemahlener schwarzer Pfeffer

Meersalz

ZUBEREITUNG

* Ergibt 24 Stück

1. Den Lachs zerpflücken, die Rucola- und Minzeblätter waschen und trocken tupfen. Alle Zutaten für die grüne Mayonnaise mit einem Handmixer zu einer glatten Konsistenz mit zartgrüner Farbe mischen und abschmecken. Den Lachs unter die Mayonnaise heben.

2. In jedes Salatblatt 1 EL von der Mayonnaise geben. Jeweils mit einem Dillstängel garnieren und sofort servieren.

SPINAT-FETA-DREIECKE

mit Minz-Dip

Ich begleitete SKH während eines offiziellen Besuchs in Istanbul. Wir waren auf der HMY Britannia untergebracht, die in der Bucht vor Anker lag und hatten an einem Nachmittag etwas freie Zeit zur Verfügung, sodass wir an Land gingen, um den berühmten Großen Basar zu besuchen. Mir sind wunderschöne Teppiche, soweit das Auge reichte, in Erinnerung geblieben und köstlicher Apfeltee, den man mir in einem winzigen Teeglas servierte, während ich die riesige Auswahl bewunderte. Als wir uns dem Bereich mit den Gewürzen näherten, war die Luft von einem betörend geheimnisvollen Aroma erfüllt. Hier standen Säcke voller Gewürze in kräftigen Farben, von denen mir viele völlig unbekannt waren. Mein letzter Kauf, bevor wir den Markt wieder verließen, war eine warme Spinat-Käse-Teigtasche, die ich bei einer älteren Frau erstand, die wahrscheinlich seit rund 50 Jahren solche Teigtaschen zubereitete. Die gefüllten Taschen waren einfach köstlich! Hier folgt mein Versuch, sie nachzumachen.

ZUTATEN FÜR DIE FÜLLUNG

400 g frischer Spinat
1 Zwiebel
etwas Olivenöl
30 g Pinienkerne
85 g Feta
Salz
frisch gemahlener schwarzer Pfeffer
frisch geriebene Muskatnuss

FÜR DEN TEIG

50 g Butter
4 große Blätter Filoteig (48 x 25 cm)

FÜR DEN DIP

1 Handvoll frische Minze
etwas abgeriebene Schale von 1 Bio-Zitrone
200 ml griechischer Joghurt

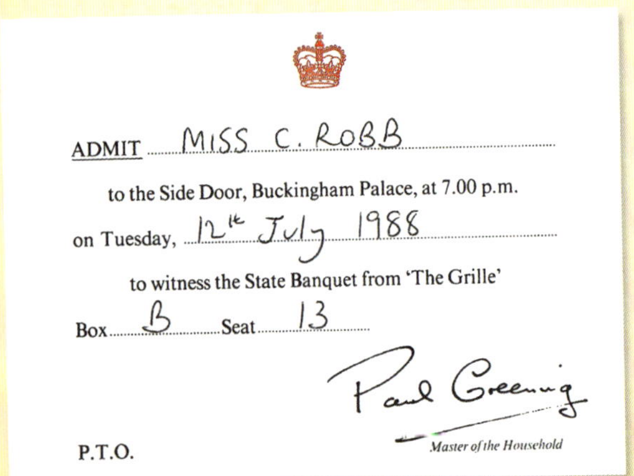
ADMIT MISS C. ROBB

to the Side Door, Buckingham Palace, at 7.00 p.m.

on Tuesday, 12th July 1988

to witness the State Banquet from 'The Grille'

Box B Seat 13

Paul Greening

Master of the Household

P.T.O.

ZUBEREITUNG

* Ergibt 12 kleine Dreiecke

1. Den Spinat waschen und in einem Topf bei mittlerer Hitze zusammenfallen lassen, dann soviel Flüssigkeit ausdrücken wie möglich und fein hacken. Die Zwiebel schälen, fein würfeln und in wenig Olivenöl weich und glasig dünsten. Die Pinienkerne in einer Pfanne ohne Fett etwas rösten. Den Feta zerbröseln.

2. Spinat, Zwiebel, Pinienkerne und Feta vermischen. Mit Salz, Pfeffer und Muskat abschmecken.

3. Die Butter zerlassen, ein Blatt Filoteig auslegen und die gesamte Fläche mit etwas Butter bestreichen. Ein zweites Blatt darüberlegen und ebenfalls mit Butter bestreichen. (Die beiden übrigen Blätter Filoteig mit einem Geschirrtuch abdecken, sonst trocknen sie aus und brechen.)

4. Den Filtoteig der Länge nach in 6 Streifen mit 8 cm Breite schneiden. In die obere Ecke jedes Streifens je 1 EL der Spinatfüllung geben. Den Backofen auf 200 °C vorheizen.

5. Den Teig diagonal so falten, dass ein kleines Dreieck entsteht. Weiterfalten bis zum Ende des Filoteigstreifens, sodass ein schönes Dreieck entsteht (wie ein Samosa).

6. Mit den restlichen 5 Streifen wiederholen, ebenso mit den beiden restlichen Filoteigblättern.

7. Im vorgeheizten Ofen 10 Minuten backen, dann die Temperatur auf 180 °C reduzieren und weitere 12–15 Minuten backen.

8. Währenddessen die Minze waschen und hacken und mit etwas Zitronenschale unter den griechischen Joghurt rühren. Sofort servieren.

Einladung zum Besuch des Staatsbanketts zu Ehren des türkischen Präsidenten.

Lange vor dieser Zeit, kurz nachdem ich meine Arbeit als Köchin bei Ihren Königlichen Hoheiten dem Duke und der Duchess of Gloucester aufgenommen hatte, bot man mir an, ein Staatsbankett zu beobachten, das im Buckingham Palace zu Ehren des türkischen Präsidenten stattfand. Hoch oben in einer Ecke des Prunksaals, in dem das Bankett abgehalten wurde, gab es eine kleine Empore hinter einem Gitter, wo ein paar Leute sitzen und die Veranstaltung verfolgen durften. Es war ein fantastisches Schauspiel! Der Service funktionierte wie ein Militärmanöver. Jeder der mehreren hundert Teller wurde im exakt gleichen Moment serviert. Ganze Mannschaften von Dienern in Livrée betraten mit jeweils zwei Tellern durch verschiedene Türen den Raum und stellten sich in wie mit dem Lineal gezogenen Reihen hinter die sitzenden Gäste. In einer Ecke der Decke gab es kleine rote und grüne Lämpchen. Schalteten diese von rot auf grün, war dies das Signal für die Diener vorzutreten und die beiden Teller zu servieren. Auch an diesem Abend hätten die Spinat-Feta-Dreiecke gut als Vorspeise gepasst.

Wenn wir im Sommer Pilze in Schottland sammelten, froren wir viele davon ein, sodass wir das ganze Jahr etwas davon hatten. In diesen Tartelettes verbirgt sich unter den dekorativen Pilzen auf der Oberseite eine köstliche sahnige Pilzfüllung. So genießt man beim Hineinbeißen einen kräftigen Waldpilzgeschmack. Da Waldpilze nur saisonal und nicht immer leicht erhältlich sind, verwende ich die leichter zu bekommenden Maronenröhrlinge und zusätzlich einige getrocknete Steinpilze, die für volles Aroma sorgen. Sie können jede beliebige Form wählen; diese hier lässt sich auf jeden Fall sehr gut essen.

WALDPILZ-TARTELETTES

mit Sahnefüllung

ZUTATEN

500 g Blätterteig
Mehl zum Ausrollen
1 Ei (Größe M)
Salz

FÜR DIE PILZSAHNE

20 g getrocknete Steinpilze
2 Zwiebeln
etwas Olivenöl
300 g gemischte Waldpilze (Maronenröhrlinge, Shiitake oder Kräuterseitlinge, falls keine Waldpilze zu bekommen sind)
frischer Thymian
Salz
frisch gemahlener schwarzer Pfeffer
ein Spritzer frisch gepresster Zitronensaft
3 EL Sahne
2 Eigelb
1 TL feine Schnittlauchröllchen

FÜR DEN BELAG

200 g Maronenröhrlinge (ersatzweise Shiitake oder Kräuterseitlinge)
15 g Butter
ein Spritzer Zitronensaft
Salz
frisch gemahlener schwarzer Pfeffer
Schnittlauchröllchen zum Garnieren

ZUBEREITUNG

* Ergibt 16 kleine Tartelettes
* Man braucht 1 mittelgroßes Backblech

1. Den Teig auf einer bemehlten Arbeitsfläche 5 mm dick ausrollen. 20 kleine Rechtecke von etwa 5 x 10 cm ausschneiden. Auf ein Backblech legen, das Ei mit Salz verquirlen, den Teig damit bestreichen und kalt stellen.
2. Die Pilzsahne zubereiten. Dafür die getrockneten Steinpilze einweichen und die Zwiebeln schälen, sehr fein würfeln, in Olivenöl weich dünsten und etwas Farbe annehmen lassen. Getrocknete Steinpilze nach dem Einweichen ausdrücken.
3. In einer zweiten Pfanne alle Pilze für die Pilzsahne mit dem Thymian anbraten, bis sie gar sind und Farbe angenommen haben. Mit Salz, Pfeffer und Zitronensaft abschmecken.
4. Die Zwiebeln unterrühren, anschließend die Pilze mit einem Stabmixer oder in der Küchenmaschine zu einer Paste verarbeiten. Sahne, Eigelb und Schnittlauch zugeben. Abkühlen lassen. Den Backofen auf 220 °C vorheizen.
5. Die Maronenröhrlinge für den Belag putzen, in Scheiben schneiden, in der Butter anbraten und mit Zitronensaft, Salz und Pfeffer abschmecken.
6. Zum Fertigstellen der Tartelettes etwas Pilzsahne in die Mitte jedes Teigrechtecks geben. Mit angebratenen Maronenröhrlingscheiben belegen.
7. Im vorgeheizten Ofen 15 Minuten backen. Vor dem Servieren mit fein gehacktem Schnittlauch bestreuen. Schmeckt am besten direkt aus dem Ofen!

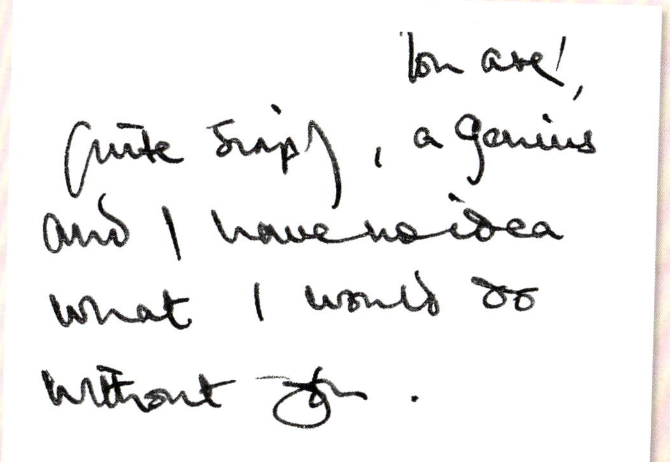
You are,
quite simply, a genius
and I have no idea
what I would do
without you.

Ein paar Zeilen einer Notiz von SKH dem Prince of Wales.

SOMMERLICHES MITTAGESSEN

mit Blumen und Kräutern

Sommerliche Lunchpartys sind eine Versinnbildlichung des typisch englischen Sommers. Wir beziehen unsere Gärten mit ein und stellen gerne die Tische für das Mittagessen zwischen unsere ordentlich gestutzten Hecken und üppigen Beete auf den gepflegten Rasen.

MATERIAL

Lavendelfarbene Levkojen – Matthiola
Purpurrote Levkojen – Matthiola
Apfelbaumblätter – Malus
Klematis Clematis „Pirouette"
Lysimachia
Jungfer im Grünen – Nigella
Minze – Mentha

Beim Blumenpflücken hörte ich an heiteren Sommertagen oft das friedliche Stimmengewirr und das Klirren der Cocktailgläser, gut gefüllt mit Minze, Erdbeeren und einem Schuss Pimms. Stellen Sie sich vor, wie aufgeregt man ist, wenn man eine Einladung in den Garten von Highgrove erhalten hat, gefolgt von einem Mittagessen in Anwesenheit SKH dem Prince of Wales. Viele Blumengestecke habe ich für solche Anlässe zusammengestellt, wobei ich oft Blumen und Kräuter kombiniert habe, wie in diesem Arrangement. Einfachste Gartenblumen, kombiniert mit Kräutern, entfalten einen köstlichen, anhaltenden Wohlgeruch.

Ich habe ein einfaches Silbergefäß gewählt und darin nebenstehende Blumen arrangiert.

OFFIZIELLES ABENDESSEN

einfaches Arrangement

Die meisten offiziellen Abendessen in den Königlichen Residenzen wurden von sanftem Kerzenlicht erhellt. Für das Entzünden und Überwachen der Kerzen war ich zuständig. Also brauchte ich einen Fidibus, mit dem ich die Kerzen entzündete, die auf dem gedeckten Tisch verteilt standen, den ich früher am Tag mit Blumen geschmückt hatte.

MATERIAL

Strauß aus verzweigten Pink-Majolica-Rosen
Rose „Faith" – Rosa
Rose „Laura" – Rosa
Prachtspiere Astilbe Europa
Blätter von der Heckenkirsche – Lonicera
Cotoneaster

Ich verwendete Kirchenkerzen, die teilweise 90 cm hoch waren, aber auch einzelne Teelichter. Der Effekt war immer atemberaubend. War der Abend vorüber, mussten alle Kerzen ausgeblasen werden. Dafür war viel Puste erforderlich.

Für Sie zu Hause habe ich ein weniger formelles Arrangement mit Kerze entworfen und hierfür ein Spiegelglasgefäß verwendet. Etwas in dieser Art könnte durchaus auch den Esstisch SKH des Prince of Wales zieren. Lassen Sie die brennenden Kerzen nie unbeaufsichtigt. Ich stand immer parat, um im Falle eines Falles eingreifen zu können.

ÜPPIGE BROTE

Meine Lieblingsrezepte, gesammelt in aller Welt

BANANEN-NUSS-BROT

mit Kokosmilch

Dies ist kein Brot im klassischen Sinne, aber es ist ein so wunderbares Rezept, dass ich es einfach aufnehmen musste. Das kuchenartige Brot ist eine verlockende Frühstücksleckerei, passt zu einer Tasse Kaffee, eignet sich aber auch perfekt für ein Picknick oder als Reiseproviant. Wenn ich überreife Bananen in meiner Obstschale finde, dann friere ich sie ein, und sobald genügend zusammengekommen sind, verarbeite ich sie zu einem Bananenbrot. Am besten gelingt es mit sehr reifen Bananen, die das kräftigste Aroma haben. Es genügt, die Bananen direkt vor der Verarbeitung aus der Tiefkühltruhe zu nehmen, denn sie tauen sehr schnell auf, wenn man sie vor dem Zerdrücken in Scheiben schneidet.

Wenn ich dieses Brot backe, kommen mir die unzähligen Kindernachmittage in den Sinn, für die ich Bananensandwiches zubereitet habe. Dabei entdeckte ich, dass es durchaus eine Kunst ist, das perfekte Bananensandwich zuzubereiten: In Scheiben geschnittene Bananen fallen heraus, pürierte Bananen durchweichen das Brot; aber mit grob zerdrückten Bananen geht es gut. Auf jeden Fall sofort servieren!

ZUTATEN

175 g Butter (Zimmertemperatur)

175 g feiner Rohrzucker

115 g brauner Zucker

3 Eier (Größe M)

250 g Mehl

350 g reife Bananen

80 g Pekannüsse

1 Prise Salz

1 ½ TL Natron

50 ml (4 EL) Kokosmilch (ersatzweise Butter- oder Vollmilch – doch Kokosmilch ergibt das beste Ergebnis)

1 TL reiner Vanilleextrakt (ersatzweise gemahlene Vanille)

einige Bananenchips zum Dekorieren (nach Belieben)

1 Handvoll in Scheiben geschnittene Pekannüsse zum Dekorieren (nach Belieben)

ZUBEREITUNG

* Ergibt 12 Mini-Laibe oder 1 großen Laib
* Man braucht 12 Mini-Brotbackformen, etwa 7 x 4 cm, oder 1 große Brotbackform, etwa 24 x 10 cm

1. Den Backofen auf 175 °C vorheizen. Den Boden der Form(en) mit Backpapier auslegen und die Ränder gründlich einfetten.

2. Butter und Zucker zusammen schaumig rühren. Die Eier leicht verquirlen, zufügen und, wenn die Mischung gerinnt, etwas Mehl zugeben.

3. Die Bananen grob zerdrücken und die Pekannüsse hacken. Beides zusammen ebenfalls unterrühren.

4. Mehl, Salz und Natron sieben und vorsichtig unterheben. Zuletzt die Kokosmilch und den Vanilleextrakt unterrühren.

5. Die Mischung in die Backform(en) füllen und mit einigen Bananenchips oder Scheiben von Pekannüssen garnieren.

6. Die kleinen Formen 20–25 Minuten, die große Form 40 – 50 Minuten backen.

7. Brot(e) auf einem Kuchengitter völlig auskühlen lassen, dann in einem luftdicht verschließbaren Behälter aufbewahren.

8. Das Brot ist 1 Woche haltbar und wird mit der Zeit immer besser! Nach 2–3 Tagen ist es saftiger als frisch aus dem Ofen.

9. Entweder pur oder mit Butter und Honig oder Frischkäse servieren.

Von allen meinen Reisen mit SKH dem Prince of Wales war die zu einem faszinierenden Staatsbesuch nach Sri Lanka, Nepal und Bhutan die aufregendste. Es war eine anspruchsvolle, weil lange Reise, die penibelste Organisation und umfangreiches Gepäck verlangte. Viele Mahlzeiten sollten zubereitet werden und da wir so weit herumkamen, gab es nur wenige Gelegenheiten, unterwegs frische Produkte zu kaufen. Entsprechend mussten die Menüs geplant werden und jede Zutat, die ich brauchen würde, wurde ebenso eingepackt wie die Kochutensilien. Da ich gerne neue und exotische Lebensmittel entdecke, versuchte ich immer bei Überseereisen in jedem Land einen örtlichen Lebensmittelmarkt zu besuchen. Nachdem ich wusste, dass Sri Lanka 80 Prozent der Zimt-Weltproduktion liefert, wollte ich dort unbedingt welchen kaufen. Ich besuchte einen fantastischen Markt und kam mit einem üppigen Vorrat des besten Zimts zurück, den ich je gekostet habe, sowohl im Ganzen als auch gemahlen. Mehrere Monate lang bereitete ich alles mit Zimt zu! Ich habe eine Schwäche für Zimtschnecken und nachdem ich diesen fabelhaften Zimt zur Verfügung hatte, musste ich einfach ein Rezept entwickeln. Für die Farbe und das sahnige Aroma gebe ich etwas Vanillepuddingpulver hinzu; bei der Füllung verwende ich dunklen Muscovado-Zucker wegen seines kräftigen Melassegeschmacks und füge geröstete Pekannüsse und Mandeln für die Knusprigkeit hinzu. Der Guss schließlich enthält einen ordentlichen Schuss Limettensaft als Gegenpol zur Süße der Schnecken.

ZUTATEN

2 Tütchen Trockenhefe
1 TL Zucker
500 g Mehl plus etwas für die Arbeitsfläche
35 g Vanillepuddingpulver
1 Prise Salz
1 Ei (Größe M)
50 g Butter
225 ml warme Milch
1 TL reiner Vanilleextrakt

FÜR DIE FÜLLUNG

60 g Pekannüsse
30 g Mandelblättchen
175 g Muscovado-Zucker
3 TL Zimt
60 g Butter

FÜR DEN GUSS

30 g weiche Butter
70 g Puderzucker
3 TL frisch gepresster Limettensaft

ZUBEREITUNG

* Ergibt 12 Stück
* Man braucht 1 quadratische Kuchenform mit 22 cm Seitenlänge

1. Hefe, Zucker und 5 EL warmes Wasser in einer kleinen Schüssel verrühren. 10 Minuten stehen lassen, bis die Mischung Blasen wirft.
2. Mehl, Puddingpulver und Salz in eine große Schüssel sieben.
3. Das Ei leicht verquirlen, die Butter zerlassen und beides mit der warmen Milch und der Vanille mischen.
4. In die Mitte der Mehl-Puddingpulver-Mischung eine Mulde drücken und die aufgelöste Hefe und den Großteil der Milch hineingießen. Zu einem glatten, nicht klebrigen Teig verrühren. Falls nötig, die restliche Milch zugeben.
5. Den Teig auf einer leicht bemehlten Fläche etwa 10 Minuten kneten, bis er so elastisch ist, dass er auf Druck mit den Fingern zurückspringt.
6. Die große Schüssel mit etwas Butter fetten, den Teig wieder hineingeben, mit einem sauberen Geschirrtuch bedecken und an einem warmen Ort gehen lassen (wie einem nicht luftdicht abgeschlossenen Schrank, auf einem Wärmespeicherofen oder auf einem sonnigen Fensterbrett). Nach 45–60 Minuten hat der Teig seine Größe verdoppelt.
7. Während der Teig geht, die Füllung herstellen. Hierzu die Pekannüsse hacken und zusammen mit den Mandelblättchen in einer trockenen Pfanne rösten. Mit Zucker, Zimt und Butter mischen. Gut verrühren und beiseitestellen.
8. Für den Guss die Butter mit dem gesiebten Puderzucker schaumig rühren und nach und nach den Limettensaft unterrühren. Wenn die Mischung gerinnt, etwas mehr Puderzucker zugeben und die Mischung im Kühlschrank kalt stellen.
9. Wenn der Teig seine Größe verdoppelt hat, mehrmals auf eine bemehlte Fläche schlagen und zu einem Rechteck von etwa 30 x 40 cm ausrollen.
10. Die Nussfüllung auf dem Teig verteilen und diesen ziemlich eng von der Längsseite her wie eine Biskuitrolle aufrollen.
11. Beide Enden der Rolle abschneiden und den Rest in 12 Scheiben von jeweils etwa 2,5 cm Dicke schneiden.
12. Die Backform mit Backpapier auslegen und die Schnecken in 3 Reihen à 4 Stück verteilen.
13. Erneut etwa 30 Minuten gehen lassen, bis sie ihre Größe verdoppelt haben.
14. Den Backofen auf 180 °C vorheizen und die Zimtschnecken 18–25 Minuten goldgelb backen.
15. Herausnehmen und 10 Minuten abkühlen lassen, anschließend mit dem Limettenguss überziehen. Am besten frisch und noch warm genießen!

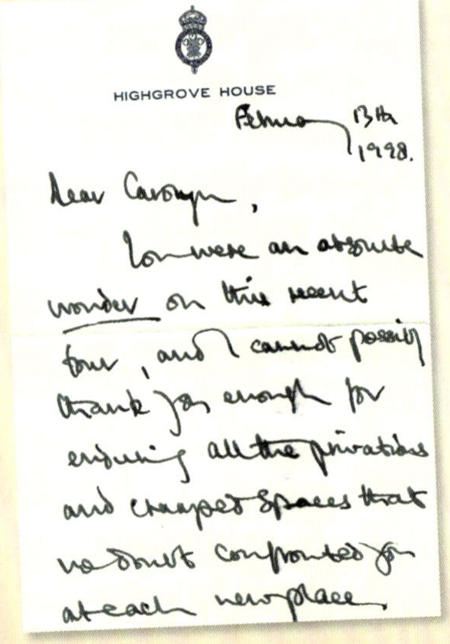
HIGHGROVE HOUSE
February 13th 1998.
Dear Carolyn,
You were an absolute wonder on this recent tour, and I cannot possibly thank you enough for enduring all the privations and cramped spaces that no doubt confronted you at each new place.

Ausschnitt aus einer Notiz, die ich von SKH dem Prince of Wales nach dem aufregenden und anstrengenden Staatsbesuch in Sri Lanka, Nepal und Bhutan erhielt.

ZIMTSCHNECKEN

mit Pekannüssen

MEALIE-BREAD

(Maisbrot) im Blumentopf

Hier bricht mein südafrikanisches Erbe durch! Was wir in England als Mais kennen, wird in Südafrika „maize" oder „mealie" genannt. Schon immer habe ich den zarten, süßen Geschmack von Mais geliebt, den dieses Brot besonders gut zur Geltung bringt. Nachdem ich seit langem nicht mehr in Südafrika lebe, hatte ich es völlig vergessen und nie mehr gebacken. Als ich SKH den Prince of Wales auf einer Reise nach Südafrika, Swaziland und Lesotho begleitete, stieß ich im Gästehaus des Präsidenten in Pretoria wieder darauf. Zurück in England, hatte ich die Idee, dieses Brot zu backen, zumindest meine Version davon. Es wird mit püriertem Mais zubereitet, vermischt mit Butter, Mehl, Eiern und Zucker. Typischerweise wird diese Mischung gedünstet, wodurch sie eine sehr weiche, dichte, kuchenähnliche Konsistenz erhält. Ich backe meine kleinen Brote in einzelnen Blumentöpfen aus Ton. Dadurch wird seine Konsistenz deutlich leichter und zudem sieht es sehr hübsch aus! Ich verwende viel weniger Zucker als das traditionelle Rezept. Inspiriert vom texanischen Maisbrot füge ich etwas Cayennepfeffer (oder Chilipulver) hinzu. Dadurch wird die Süße ein wenig gedämpft. Direkt aus dem Ofen mit knusprigem Bacon, Strauchtomaten und Avocado servieren – köstlich zum Brunch. Mit einer Schüssel Kopfsalat wird ein leichtes Mittagessen daraus.

ZUTATEN

50 g Butter plus etwas für die Töpfe
150 g Mehl plus etwas für die Töpfe
450 g Zuckermais (Dose oder TK)
Salz
30 g feiner Rohrzucker
2 Eier (Größe M)
1 EL Backpulver
1 Prise Cayennepfeffer
1 TL sehr fein gehackte Petersilie

ZUBEREITUNG

* Ergibt 8–10 kleine Brote
* Man braucht 10 Blumentöpfe aus Ton mit 6 cm Höhe, 4 cm im unteren und 6 cm im oberen Durchmesser

1. Den Backofen auf 200 °C vorheizen. Die Blumentöpfe mit Butter einfetten und mit Mehl bestäuben. Jeden Boden mit einem kleinen Kreis Backpapier auslegen.
2. TK-Mais in kochendem Salzwasser weich kochen. Dosenmais gründlich abtropfen lassen.
3. Mais mit einem Mixer oder Pürierstab pürieren. Butter und Zucker schaumig rühren, dann die Eier zugeben. Das Maispüree unterrühren.
4. Zucker, ¾ TL Salz, Mehl, Backpulver und Cayennepfeffer zusammen durchsieben und gründlich unterrühren. Zuletzt die Petersilie zugeben.
5. Die Mischung mit einem Löffel in die Blumentöpfe verteilen und diese auf ein Backblech stellen.
6. 25–30 Minuten backen, bis die Oberfläche goldgelb ist. Beim Test mit einem Stäbchen sollte dieses beim Herausziehen sauber bleiben.
7. Am besten werden diese Brote am gleichen Tag verzehrt, man kann sie jedoch auch einfrieren und dann im Backofen wieder aufwärmen.

SCHNELLES KÄSE-TOMATEN-BROT

mit Zwiebeln und Kräutern

Dieses Brot ist in wenigen Minuten zubereitet und für ein schnelles Mittagessen mit Brot und Käse perfekt geeignet. Auch zum Picknick eine feine Sache; am besten direkt vor dem Start backen und in Frischhaltefolie und ein Geschirrtuch wickeln, um es warm zu halten. Man braucht als Beilage lediglich eine gute Bauernbutter, ein Stück reifen Cheddar und vielleicht noch etwas Apfelchutney (siehe Rezept Seite 208).

ZUTATEN

100 g Butter plus etwas für die Form
285 g Mehl
3 TL Backpulver
1 gute Prise Salz
100 g alter Cheddar plus 30 g zum Bestreuen
1 Ei (Größe M)
110 ml Milch
½ rote Zwiebel
30 g sonnengetrocknete Tomaten in Öl
2 TL fein gehackte Petersilie und Schnittlauch

ZUBEREITUNG

* Ergibt 1 mittelgroßen Brotlaib, für 4–6 Personen
* Man braucht 1 Brotbackform von 20 cm Länge oder mehrere kleine Backformen

1. Den Backofen auf 200 °C vorheizen. Die Backform am Boden mit Backpapier auslegen, die Ränder mit Butter einfetten.
2. Mehl, Backpulver und Salz in eine große Schüssel sieben. 85 g Butter in Stückchen darüber verteilen.
3. Den Käse reiben und ¾ davon zusammen mit ¾ der Kräuter unterrühren.
4. Ei und Milch verquirlen. Zwiebel in sehr dünne Ringe schneiden und getrocknete Tomaten abtropfen lassen und fein hacken. Alles unter die trockenen Zutaten mischen. Das gesamte Mehl sollte gut eingearbeitet sein, jedoch nicht zu lange rühren, sonst wird das Brot sehr hart.
5. Den Teig in die Backform füllen. Die restliche Butter zerlassen und den Teig damit beträufeln. Mit dem restlichen Käse und den restlichen Kräutern bestreuen.
6. 30–40 Minuten backen, bis die Oberfläche goldbraun ist.
7. Das Brot am besten am selben Tag essen.

FOCACCIA

mit Kartoffeln, Ziegenkäse und Thymian

Seine Königliche Hoheit schickte mich einmal nach Italien, dort sollte ich aus erster Hand einen Einblick in die Geheimnisse der italienischen Küche bekommen. Zwei fantastische Wochen verbrachte ich dort, in denen ich in drei verschiedenen Restaurants arbeitete. Es war eine unglaublich aufregende Erfahrung für mich, ich genoss jede Minute. Neben der Zubereitung einiger Varianten für frische Nudeln und Gnocchi lernte ich auch ein paar Tricks zur Zubereitung von Ciabatta und Focaccia. In diesem Rezept habe ich das Brot mit Scheiben neuer Kartoffeln und Ziegenkäse belegt, sodass daraus eine eigenständige Mahlzeit wird. Für ein leichtes Sommer-Mittagessen können Sie noch mehr Ziegenkäse verwenden und die Brotscheiben mit gemischtem grünen Salat und einem Dressing aus Balsamico und Walnussöl servieren – einfach perfekt!

ZUTATEN

500 g Mehl Type 550
plus etwas für die Arbeitsfläche

1 ½ Tütchen Trockenhefe

Salz

50 g Pinienkerne

6 große Thymianstängel

125 ml natives Olivenöl
plus etwas zum Fetten von Schüssel, Blech und Folie

300 g gekochte festkochende neue Kartoffeln

175 g Ziegenkäse

frisch gemahlener schwarzer Pfeffer

ZUBEREITUNG

* Ergibt 2 runde Brote mit etwa 24 cm Durchmesser
* Man braucht 2 flache Backformen

1. Mehl, Hefe und 2 TL Salz in eine große Rührschüssel sieben. Pinienkerne in einer Pfanne ohne Fett rösten und die Thymianblättchen von 3 Stängeln abzupfen. Beides zusammen mit 50 ml Olivenöl und dem Großteil von 300 ml lauwarmem Wasser zufügen und zu einem groben Teig verrühren.
2. Den Teig mit den Händen durchkneten und auf die bemehlte Arbeitsfläche legen. 10 Minuten kneten, bis der Teig sehr glatt und elastisch ist.
3. Wieder in die große, zuvor mit etwas Olivenöl gefettete Schüssel geben. Mit einem sauberen, feuchten Tuch bedecken und an einem warmen Platz gehen lassen, bis sich die Größe verdoppelt hat. Dies dauert etwa 1 Stunde.
4. Den Teig erneut kneten und in zwei gleichgroße Teile teilen. Zu 2 runden flachen Brotlaiben mit etwa 20 cm Durchmesser formen und jeweils auf ein eingeöltes Backblech legen. Locker mit eingeölter Frischhaltefolie bedecken und an einem warmen Platz erneut gehen lassen; dieses Mal etwa 20 Minuten.
5. Den Backofen auf 190 °C vorheizen. Wenn der Teig gegangen ist, mit den Fingern Vertiefungen in die Oberfläche drücken.
6. Kartoffeln schälen und in Scheiben schneiden, Ziegenkäse ebenfalls in Scheiben schneiden. Die Brotlaibe damit belegen und die restlichen Thymianzweige darüber verteilen. Mit Salz und Pfeffer würzen. Die Laibe mit der Hälfte des Öls beträufeln.
7. Brote 40–50 Minuten backen, bis sie schön aufgegangen und goldbraun sind.
8. Nach dem Herausnehmen aus dem Ofen mit dem restlichen Öl beträufeln und sofort servieren.

HINWEISE

Dieses Brot eignet sich perfekt für ein Picknick. Wenn Sie es direkt vor dem Start backen und in Folie und ein Geschirrtuch wickeln, bleibt es recht lange warm.
Am besten ist Zitronenöl; wenn Sie jedoch keines zur Verfügung haben, können Sie auch etwas Zitronenschale ins Olivenöl geben.

SCONES

mit Vanille und Orangenschale

ZUTATEN

450 g Mehl plus etwas für die Arbeitsfläche

½ TL Salz

60 g feiner Rohrzucker

3 TL Backpulver

100 g Butter

250 ml Buttermilch

4 EL Milch

1 Ei (Größe M)

1 TL reiner Vanilleextrakt (ersatzweise gemahlene Vanille)

sehr fein abgeriebene Schale von 1 Bio-Orange

ZUBEREITUNG

* Ergibt etwa 15 Scones
* Man braucht 1 Teigschneider (4 cm) und 1–2 flache Backbleche

1. Den Backofen auf 220 °C vorheizen. Mehl, Salz, Zucker und Backpulver in eine große Rührschüssel sieben. Die Butter stückchenweise mit den Fingern in das Mehl einarbeiten, dass es krümelig wird.

2. Buttermilch, Milch, Ei und Vanilleextrakt mischen.

3. In die Mitte der trockenen Zutaten eine Mulde drücken und die Orangenschale hineinreiben. Mit einem Palettenmesser mit abgerundeter Spitze den Großteil der Flüssigkeit einarbeiten. Der Teig soll weder zu klebrig, noch zu trocken sein. Bei Bedarf die restliche Flüssigkeit zufügen.

4. Den weichen, zu einer Kugel geformten Teig auf die bemehlte Arbeitsfläche legen und nur drei- oder viermal kneten, damit er keine Risse mehr hat. Schnell arbeiten, denn wird der Teig in diesem Stadium zu lange geknetet, werden die Scones beim Backen hart.

5. Den Teig zu einer Dicke von 2 cm ziehen. Die Scones ausschneiden, dabei den Teigschneider jedesmal in Mehl tauchen.

6. Die Teigreste wieder leicht zusammenkneten und glattdrücken, um weitere Scones auszuschneiden.

7. Auf ein mit Backpapier belegtes Backblech legen und 10–12 Minuten backen, bis die Scones gut aufgegangen und goldgelb sind.

ABWANDLUNGEN

1. 60 g Sultaninen oder Rosinen zugeben.

2. Vanille, Orangenschale und Zucker durch 60 g geriebenen alten Cheddar und 1 EL Schnittlauchröllchen ersetzen. Sie können auch etwas zusätzlichen Käse darüberstreuen und die Oberseite leicht mit Paprikapulver bestäuben.

EIIR

The Lord Chamberlain is commanded by Her Majesty to invite

Miss Carolyn Robb

to a Garden Party at Buckingham Palace

on Tuesday 19th July 1994 from 4 to 6 pm

Morning Dress, Uniform or Lounge Suit

Es war ein Privileg, zu einer Königlichen Gartenparty eingeladen zu werden.

Zu den bleibenden Erinnerungen an Gartenpartys im Buckingham Palace gehören die Berge von Sahne-Scones und Gurkensandwiches. Seither verbinde ich Scones immer mit Gartenpartys. Wie groß war die Aufregung, als der Postbote erstmals einen großen elfenbeinfarbenen Umschlag mit der Buckingham-Palace-Briefmarke brachte, der auf dickem weißen Papier mit Goldrand eine der begehrten Einladungen zu einer Gartenparty enthielt. Meine erste Gartenparty – und gleichzeitig das erste Mal, dass ich einen großen Hut trug! Ihre Majestät die Königin veranstaltet jeden Sommer mindestens drei Gartenpartys im Buckingham Palace sowie eine im Palace of Holyroodhouse, an denen insgesamt über 30.000 Gäste teilnehmen. Das Essen wird von externen Caterern geliefert. Nachdem ich so viele schöne Erinnerungen an Gartenpartys habe, bereite ich Scones besonders gerne zu, großzügig mit Sahne und hausgemachter Marmelade verfeinert.

SODABROT

einfach und schnell

Hier mein Lieblingsbrot unter allen Broten dieses Kapitels. Es ist einfach, gesund und schnell zubereitet. Das Einzige, worauf Sie achten müssen, ist, den Teig nicht zu lange zu rühren. Anders als andere Brote, die durch gründliches Kneten leichter werden, benötigt dieses hier für eine leichte Konsistenz eine möglichst kurze Rühr- bzw. Knetzeit. Sollten Sie einige Stunden nach dem Backen feststellen, dass die Samen eine kräftige grüne Farbe angenommen haben, seien Sie nicht beunruhigt! Das ist die Folge einer Reaktion zwischen den Antioxidantien in den Samen und dem Natron und hat nichts zu bedeuten.

ZUTATEN

30 g Butter (Zimmertemperatur) plus etwas für das Blech
225 g Weizenmehl
2 TL Natron
1 TL Salz
225 g Malted Granary Flour (siehe Hinweis)
250 ml Milch
250 ml Joghurt
2 TL Malzextrakt
Samen zum Bestreuen (ich verwende Sesam- und Leinsamen)

ZUBEREITUNG

* Ergibt 1 runden Laib mit etwa 23 cm Durchmesser
* Man braucht 1 flaches Backblech, mindestens 23 cm breit

1. Den Backofen auf 200 °C vorheizen. Das Backblech mit Butter fetten.
2. Weizenmehl, Natron und Salz in die größte vorhandene Rührschüssel sieben. Das Malted Granary Flour zugeben und untermischen. Die Butter mit den Fingerspitzen unter die trockenen Zutaten krümeln.
3. Milch, Joghurt und Malzextrakt zusammenrühren. In die Mitte der trockenen Zutaten eine Mulde drücken und die Milchmischung hineingießen.
4. Nun möglichst schnell und leicht weiterarbeiten. Mit einem Messer mit abgerundeter Spitze die Flüssigkeit in das Mehl einarbeiten und anschließend die Zutaten kurz zusammenkneten.
5. Sobald der Teig weich (und noch klebrig) ist, auf eine leicht bemehlte Arbeitsfläche legen. Den Teig zu einem flachen Kreis von etwa 20 cm Durchmesser und 3–4 cm Dicke formen, ohne ihn richtig zu kneten. Je weniger er bearbeitet wird, desto lockerer wird das Brot.
6. Das Brot auf das Backblech legen, falls nötig die Form nacharbeiten. Die Oberseite kreuzförmig tief einschneiden und das Brot mit den Samen bestreuen.
7. 30–40 Minuten goldgelb backen. Um zu prüfen, ob es fertig gebacken ist, auf die Unterseite klopfen: Wenn es fertig ist, klingt es hohl.
8. Auf einem Kuchengitter auskühlen lassen. Wenn die Kruste knusprig sein soll, das Brot dabei nicht abdecken. Wenn sie weich werden soll, das Brot mit einem leicht angefeuchteten Geschirrtuch bedecken.
9. Am besten gleich frisch und noch warm aus dem Ofen servieren. Traditionell wird es in Viertel gebrochen und dann in Scheiben geschnitten.

HINWEIS

Malted Granary Flour können Sie im Internet bestellen. Oder Sie mischen ersatzweise etwa 35 g Weizenmalzflocken, 20 g Weizenvollkornmehl sowie 165 g Weizenmehl Type 1050.

ABWANDLUNGEN

1. Fügen Sie 1 Handvoll gehackte frische Kräuter nach Wahl hinzu: Petersilie, Schnittlauch, Thymian, Rosmarin und Salbei – alles eignet sich.
2. Eine süße Variante erhalten Sie mit 1 Handvoll gehackter dicker Trockenfeigen oder Datteln und einigen Pekannüssen. Die Oberseite dann statt mit Samen mit etwas Zimtzucker bestreuen.

SCHWEIZER BUTTERZOPF

traditioneller Art

Als Studentin lernte ich dieses Brot in einem Hotel des Skisportortes Mürren in der Schweiz kennen, wo ich arbeitete. Das traditionelle Schweizer Brot hat eine sehr weiche Krume und eine seidige Konsistenz. Es ist einfach das perfekte Brot zum Frühstück: im Schweizer Stil mit Käse und Schinken oder mit viel Butter und hausgemachter Marmelade. Wie alle Hefebrote braucht die Zubereitung etwas Zeit, nach meiner Erfahrung gelingt es aber immer gut, sodass sich die Mühe lohnt. Wie bei den meisten Rezepten gibt es auch hier viele Varianten, eine davon sogar mit einem Schuss Kirschwasser. Ich verwende folgendes Rezept zu Ostern für ein großes Osterhasenbrot; Kinder helfen beim Zubereiten ebenso gerne wie beim Aufessen. Dieses Brot schmeckt frisch aus dem Ofen am besten, hält sich eingewickelt aber auch ein paar Tage. Schmeckt auch getoastet sehr gut.

ZUTATEN

1 Tütchen Trockenhefe

2 TL Zucker

500 g Mehl Type 550 (Brotmehl) plus evtl. etwas für die Arbeitsfläche

Salz

75 g weiche Butter

350 ml warme Milch

Öl für die Schüssel

1 Ei

ZUBEREITUNG

* Ergibt 2 große Zöpfe
* Man braucht 2 große flache Backbleche von mindestens 25 x 35 cm

1. Hefe und Zucker in einer kleinen Schüssel mischen und 1 EL warmes Wasser zugeben. 10 Minuten stehen lassen, bis die Hefe zu schäumen beginnt.

2. Mehl und 1 ½ TL Salz zusammen in eine sehr große Rührschüssel sieben. Hefe, weiche Butter und den Großteil der warmen Milch zugeben.

3. Alles sorgfältig zu einem weichen, aber nicht klebrigen Teig verrühren. Entweder mehr Milch oder mehr Mehl zugeben, um die richtige Konsistenz zu erzielen.

4. Den Teig kneten. Mit der Küchenmaschine etwa 4–5 Minuten, mit den Händen etwa 10 Minuten.

5. Wenn der Teig per Hand zubereitet wird, kann man ihn, sobald alle Zutaten vermischt sind, aus der Schüssel nehmen und auf der leicht bemehlten Arbeitsfläche kneten. Der fertige Teig soll glatt, seidig und elastisch sein und zurückspringen, wenn man mit dem Finger hineindrückt.

6. Den Teig in eine geölte Schüssel legen, mit einem feuchten Geschirrtuch bedecken und an einem warmen Ort gehen lassen. Er sollte sein Volumen innerhalb 1 Stunde etwa verdoppeln.

7. Den Teig wieder aus der Schüssel nehmen und erneut einige Minuten kneten, dann halbieren und jede Hälfte wiederum in 3 Teile teilen. Jedes Teigstück zu einer etwa 30 cm langen Wurst rollen und die Rollen nebeneinanderlegen.

8. Die Teigstücke zu einem Zopf flechten, hierzu erst das linke, dann das rechte immer abwechselnd über das Mittelstück legen, bis das Ende der Teigwürste erreicht ist. Zum Schluss oben und unten die Enden fein säuberlich nach unten umlegen.

9. Die Zöpfe auf ein Backblech legen und erneut etwa 30 Minuten gehen lassen. Den Backofen auf 200 °C vorheizen.

10. Das Ei mit etwas Salz verquirlen und die Zöpfe damit bestreichen. In der Mitte des Backofens 35–40 Minuten backen. Beim Klopfen auf die Unterseite muss es hohl klingen, dann sind die Zöpfe fertig.

11. Für eine weiche Kruste die Zöpfe direkt aus dem Ofen in ein feuchtes Geschirrtuch wickeln. Für eine knusprige Kruste unbedeckt auf einem Kuchengitter abkühlen lassen.

WARMES KRÄUTERBROT

in der Folie

Ich selbst bin kein großer Freund von Knoblauchbrot, obwohl ich die Grundidee mag. Dieses Kräuterbrot ist eine köstliche Alternative, bei dem man keine Sorge haben muss, nach dem Essen andere mit Knoblauchatem zu belästigen! Zu den vielen Dingen, die ich beim Kochen für Seine Königliche Hoheit gelernt habe, gehört der Gebrauch von reichlich frischen Kräutern. Sie verbessern die Optik der Speisen, heben sie geschmacklich auf ein völlig neues Niveau und verleihen alltäglichen Aromen neues Leben. Mit den klassischen Kombinationen Lamm und Rosmarin, Lachs und Dill, Tomate und Basilikum, neue Kartoffeln und Minze können Sie nichts verkehrt machen. Es macht jedoch Spaß, einmal zu versuchen, sie gegeneinander zu tauschen, beispielsweise neue Kartoffeln mit Meersalz und Rosmarin, Lachs mit einer Basilikum-Butter-Sauce, kalter Lammfleischsalat mit Limetten-Minz-Vinaigrette und langsam gebackene Tomaten mit Thymian ... Ich liebte es, in Highgrove einfach nur hinunter in den Küchengarten gehen zu müssen, um dort erst kurz vor dem Servieren frische Kräuter zu holen! Das war nur einer von vielen Vorteilen dieser besonderen und privilegierten Stellung.

ZUTATEN

1 Handvoll frische Kräuter (Thymian, Petersilie, Schnittlauch, Minze und Basilikum nach Wunsch und Vorlieben)

150 g Butter

sehr fein abgeriebene Schale und Saft von 1 Bio-Zitrone

Salz

frisch gemahlener schwarzer Pfeffer

1 Weißbrotbaguette

1 Vollkornbaguette

einige zusätzliche Thymianzweige zum Garnieren

ZUBEREITUNG

* Ergibt 2 Brote
* Man braucht 1 Backblech

1. Für die Kräuterbutter die Thymianblättchen von den Stängeln zupfen, alle übrigen Kräuter hacken und mit dem Thymian vermischen. Die Butter schaumig rühren, Kräuter, Zitronensaft und -schale untermischen. Mit Salz und Pfeffer abschmecken.

2. Den Backofen auf 200 °C vorheizen. Beide Baguettes in Scheiben schneiden und anschließend gemischt wieder zusammensetzen, mit immer einer Scheibe Weißbrotbaguette und einer Scheibe Vollkornbaguette im Wechsel.

3. Jeden Laib auf ein Stück Alufolie legen. Jede Brotscheibe auf beiden Seiten mit Kräuterbutter bestreichen und etwas Butter auf der Oberseite der Brote verteilen.

4. Die Baguettes in die Folie wickeln und auf ein Backblech legen.

5. 15 Minuten backen, dann die Folie öffnen und weitere 10 Minuten backen, damit die Oberseite knusprig wird. Sofort servieren.

ABWANDLUNGEN

1. Für Knoblauchliebhaber können Sie 1–2 zerdrückte Knoblauchzehen unter die Butter mischen.

2. Für Käsebrot die Oberseite jedes Baguettes mit etwas geriebenem Parmesankäse bestreuen, bevor es in die Folie gewickelt wird.

SERVIER-VORSCHLÄGE

1. Das Brot ist die perfekte Beilage zu jedem Pastagericht.

2. Mit frisch zubereiteter Kalamata-Oliven-Tapenade serviert, ergibt es eine köstliche Vorspeise.

3. Als schnelles Mittagessen servieren Sie das Kräuterbrot mit gebackenem Camembert und grünem Salat.

PAINTED LADIES

Stillleben aus Alpen-Aurikeln

Ich liebe den Namen Painted Ladies (Gemalte Damen), mit dem im englischen Sprachraum eine Varietät der Alpen-Aurikel bezeichnet wird. Sie sind tatsächlich so perfekt wie gemalt oder aus Porzellan gefertigt.

MATERIAL

Alpen-Aurikel – Primula auricular

Moos

Aurikel werden mit Absicht so gezogen und nicht selten theatertauglich in Szene gesetzt, um auf das Auge des Betrachters am besten zu wirken. SKH der Prince of Wales liebt sie besonders. Wenn sie blühten, pflanzte ich sie in einfache Porzellangefäße und stellte sie ihm auf den Frühstückstisch. Auch IKH die Duchess of Cornwall hat eine gewisse Vorliebe für die Schönheit dieser Blume. Ihr Hochzeitsbouquet bestand hauptsächlich aus bezaubernden Aurikeln in den Pastellfarben Lavendelblau, Zitrone und Creme, kombiniert mit Maiglöckchen. Ich habe für Sie ein einfaches Stillleben gepflanzt, damit Sie Ihren Frühstückstisch im königlichen Stil nachgestalten können.

Ich habe ein hübsches Porzellangefäß gewählt, das die Schönheit der Pflanze unterstreicht und nebenstehendes Material genommen.

LAVENDELKORB

wunderbar duftend

Der Legende nach brachten die Römer den Lavendel nach Großbritannien. Im Lauf der Geschichte wurde er sowohl in der Küche als auch für Duftkissen zwischen Leinen und Bekleidung genutzt. Viele Jahre lang war Lavendel in Mode und ist heute sogar, durch das wachsende Bewusstsein für die Vorzüge von Kräutern, beliebter denn je.

MATERIAL

einen einfachen Gartenkorb

Lavendelpflanzen wie Schopflavendel – Lavandula

Moos

SKH der Prince of Wales hat in seinem Garten in Highgrove viele Lavendelpflanzen. Ich verwendete die Blüten oft in Blumenarrangements und habe Lavendel in große Sträuße gebunden, die ihren Duft im Haus verbreiten und im Herbst das Kaminfeuer SKH aromatisieren konnten.

Der Gebrauch von Lavendel vergrößert die Palette an Blumenarrangements in Haus und Garten. Der Wohlgeruch verstärkt sich jedes Mal, wenn Sie beim Vorbeigehen mit der Hand durch die Pflanze streichen.

SCHÖNER AUFTAKT

Vorspeisen und Suppen

SPARGEL-KARTOFFELSUPPE
MIT PARMESANSTANGEN

KRABBEN-TIAN MIT MANGO UND AVOCADO

DOPPELT GEBACKENES ZIEGENKÄSE-SOUFFLÉ
AUF EINEM BETT AUS BABYSALAT
UND ROTER BETE

FISCHBÄLLCHEN AUS STREMELLACHS
MIT BUTTERLAUCH UND SPARGELPESTO

OFFENE RAVIOLI MIT WILDPILZEN,
TOMATEN UND KARAMELLISIERTEN SCHALOTTEN

ERBSEN-SCHINKEN-RISOTTO

POSCHIERTES EI AUF STAMPFKARTOFFELN
MIT ERBSENSPROSSEN,
KNUSPRIGEM BACON UND BASILIKUMSAUCE

KÜRBIS-MAIS-SUPPE MIT SAURER SAHNE,
KNUSPRIGEN TORTILLASTREIFEN UND AVOCADO

SALAT VON PFIRSICHEN IM SCHINKENMANTEL
MIT FEIGEN, BÜFFELMOZZARELLA,
GEWÜRZTEN PEKANNÜSSEN UND RUCOLA

FÜR EINE ELEGANTE PARTY

SPARGEL-KARTOFFELSUPPE

mit Parmesanstangen

ZUTATEN FÜR DIE PARMESANSTANGEN (18 Stück)

200 g Blätterteig
etwas Mehl für die Arbeitsfläche
3 EL Parmesan
1 Ei (Größe M)
Salz
2 EL sehr feine Schnittlauchröllchen
1 EL weißer Sesam
1 TL schwarzer Sesam
1 Prise Paprikapulver

FÜR DIE SUPPE

800 g grüner Spargel (20–30 Stangen)
2 mittelgroße Zwiebeln
1 kleine Stange Lauch
2 EL Olivenöl
750 ml frische Geflügel- oder Gemüsebrühe (ersatzweise Suppenwürfel)
1 EL Schnittlauchröllchen
150 g Crème fraîche
frisch gemahlenes Meersalz
frisch gemahlener schwarzer Pfeffer

ZUM GARNIEREN

6 kleine neue Kartoffeln
alle Spargelspitzen
25 g Butter
einige frische Kerbelstängel

ZUBEREITUNG

* Ergibt 4 reichliche Portionen als Mittagessen oder 6 Portionen als Vorspeise

1. Für die Parmesanstangen den Blätterteig auf der leicht bemehlten Arbeitsfläche ca. 3 mm dick auf die Größe eines Quadrats mit etwa 25 cm Kantenlänge ausrollen. Den Parmesan fein reiben. Das Ei mit etwas Salz verquirlen, den Teig damit bestreichen und mit Schnittlauch, Parmesan, Sesam und schließlich dem Paprikapulver bestreuen.

2. Den Teig etwa 10 Minuten im Kühlschrank ruhen lassen, anschließend in lange Spitzen schneiden (siehe Foto). Es ist wichtig, den Teig vor dem Schneiden kühl zu stellen, so lässt er sich sauberer schneiden.

3. Den Backofen auf 190 °C vorheizen und die Stangen 12–15 Minuten backen.

4. In der Zwischenzeit den Spargel vorbereiten. Hierzu die harten, holzigen Enden abschneiden und wegwerfen. Die Spargelspitzen abschneiden und beiseitelegen. Die restlichen Stangen in 1 cm lange Stücke schneiden.

5. Die Zwiebeln schälen und sehr fein würfeln, den Lauch waschen und sehr fein würfeln. Das Olivenöl in einem Topf erhitzen, Zwiebel und Lauch zugeben. Bei schwacher Hitze zugedeckt langsam anschwitzen, bis die Zwiebeln glasig und der Lauch sehr weich ist. Nicht bräunen lassen, weil sonst die hübsche grüne Farbe der Suppe zunichte gemacht würde.

6. Inzwischen in einem anderen Topf die Geflügelbrühe aufkochen. Die Spargelspitzen 3–5 Minuten darin kochen, bis sie zart, aber nicht zu weich sind. Anschließend aus der Brühe nehmen, in kaltem Wasser abschrecken, gut abtropfen lassen und beiseitestellen.

7. Nun die Kartoffeln schälen, sehr fein würfeln und in der Brühe gar kochen. Aus der Brühe nehmen, gut abtropfen lassen und beiseitestellen. Sobald Zwiebeln und Lauch fertig gegart sind, die Brühe und die Spargelstücke mit in den Topf geben.

8. 10–15 Minuten kochen, bis der Spargel gar ist. Wenn der Spargel zu lange gekocht wird, verliert er seine Farbe. Von der Platte ziehen und etwas abkühlen lassen, dann mit einem Pürierstab oder Mixer glatt mixen.

9. Inzwischen die Spargelspitzen und die Kartoffelwürfel in einer Sauteuse (Schwenkpfanne) in der Butter aufwärmen. Zuletzt die Schnittlauchröllchen und die Crème fraîche mit dem Schneebesen in die Suppe rühren.

10. Die Suppe aufwärmen, mit Meersalz und Pfeffer abschmecken, in vorgewärmte Suppenteller oder Suppenschüsseln verteilen, mit einem Löffel voll Spargelspitzen und Kartoffelwürfeln garnieren und zuletzt mit einem Kerbelstängel dekorieren.

Der weitaus beste Spargel, den ich je gekostet habe, wurde im Garten von Highgrove angebaut. Für seinen herausragenden Geschmack habe ich zwei Erklärungen: Erstens wurde er erst wenige Minuten vor seiner Zubereitung gestochen, hätte also gar nicht frischer sein können. Zweitens stand Spargel nur dann auf dem Speiseplan, wenn er im Garten wuchs.
Das hat mich gelehrt, dass die Dinge wirklich am besten schmecken, wenn sie zu ihrer Saison gegessen werden. Die offizielle Spargelsaison geht vom Georgstag bis zum Johannistag – also vom 23. April bis zum 24. Juni. Spargel ist und bleibt eine Delikatesse, auf die man sich 44 Wochen lang freut und die nur in diesen acht Wochen mit größtem Genuss verzehrt wird!

KRABBEN-TIAN

mit Mango und Avocado

Am 1. Juli 1997 wurde die Souveränität über Hongkong vom Vereinigten Königreich an China zurückgeben, ein Vorgang, der auch als „Die Rückgabe“ bekannt wurde. Aus diesem Anlass begab sich SKH der Prince of Wales nach Hongkong und ein Teil von uns begleitete ihn. Während unseres wenige Tage dauernden Aufenthalts war Seine Königliche Hoheit Gastgeber mehrerer großer Events auf der Königlichen Yacht, der HMY Britannia, auf der wir uns aufhielten. Dort arbeiteten wir mit einigen wunderbaren Köchen zusammen! Es war für uns eine sehr arbeitsreiche Zeit, erschwert durch das extrem heiße und feuchte Wetter. In der Kombüse waren die Temperaturen sogar noch höher. Schon in dem Moment, in dem man etwas aus dem Kühlschrank nahm, welkte oder schmolz es. Nur mit (wortwörtlich) „allen Mann an Deck“ gelang es uns, richtig viele Krabbenvorspeisen anzurichten und auf den Tisch zu bringen, bevor die feine Kräutergarnitur welkte. Das war eine wahre Heldentat! Seitdem muss ich jedesmal, wenn ich ein Krabbengericht zubereite, an Hongkong denken. Das großartige Erlebnis, nach der offiziellen Rückgabe um Mitternacht aus dem Hafen zu segeln, gefolgt von mehreren hundert kleinen Booten und begleitet von einem Feuerwerk, wird mir in allen Details immer im Gedächtnis bleiben.

ZUTATEN FÜR DIE KRABBENMAYONNAISE

400 g weißes Krabbenfleisch
6 Frühlingszwiebeln
1 rote Chilischote
eine Handvoll frische Minzeblätter
sehr fein abgeriebene Schale von 1 Bio-Zitrone
75 g (6 EL) Mayonnaise
frisch gemahlenes Meersalz
frisch gemahlener schwarzer Pfeffer

ZUM GARNIEREN

2 große oder 3 mittelgroße reife, aber nicht zu weiche Avocados
etwas Zitronensaft
etwas natives Olivenöl extra
frisch gemahlenes Meersalz
frisch gemahlener schwarzer Pfeffer
1 reife Mango
einige Minzeblätter
50 g Rucola

ZUBEREITUNG

* Ergibt 4 Portionen
* Man braucht 4 Garnierringe aus Metall mit 10 cm Durchmesser und mindestens 5 cm Höhe oder Förmchen in dieser Größe

1. Die Ringe oder Förmchen mit Frischhaltefolie auslegen und in den Kühlschrank stellen.
2. Das Krabbenfleisch sorgfältig von kleinen Schalenstücken befreien. Die Frühlingszwiebeln waschen und in sehr dünne Ringe schneiden, die Chilischote waschen, entkernen und in sehr dünne Scheiben schneiden, die Minzeblätter waschen und sehr fein hacken. Alle Zutaten für die Krabbenmayonnaise mischen und abschmecken.
3. Die Avocados schälen, fein würfeln und mit etwas Zitronensaft, Olivenöl, Salz und Pfeffer mischen. Die Mango schälen und würfeln.
4. Die Hälfte der Krabbenmayonnaise auf die 4 Ringe oder Förmchen verteilen. Mit einer Schicht gewürfelter Avocado belegen und mit der restlichen Krabbenmayonnaise bedecken. Gut andrücken, damit der Tian beim Herausnehmen die Form gut behält. 30 Minuten kaltstellen.
5. Jeden Tian auf je einen Teller stürzen und mit einigen Mango- und Avocadostückchen und wenigen kleinen Minzeblättern garnieren.
6. Mit Zitronensaft und Olivenöl beträufeln, mit Meersalz und Pfeffer würzen und zum Schluss jeden Tian oben mit etwas Rucola garnieren.
7. Die Tians höchstens eine Stunde vor dem Servieren zubereiten, da sich die Avocado sonst braun verfärbt.

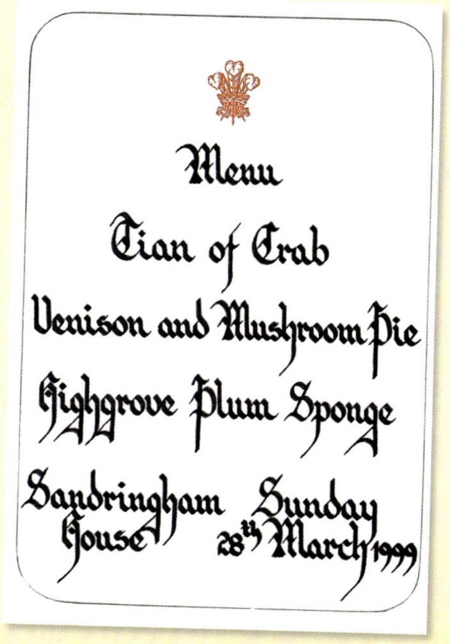

Menükarte mit Krabben-Tian als Vorspeise bei einem Dinner in Sandringham House.

DOPPELT GEBACKENES ZIEGENKÄSE-SOUFFLÉ

auf einem Bett aus Babysalat und Roter Bete

ZUTATEN

35 g Butter plus 20 g zum Fetten der Förmchen

35 g Parmesan plus etwas mehr zum Bestreuen

35 g Mehl

150 ml lauwarme Milch

50 g Ziegenkäse (ich verwende gerne „Chèvre blanc" mit Weißschimmelrinde)

2 Eigelb (Größe M)

1 EL Schnittlauchröllchen

frisch gemahlener schwarzer Pfeffer

Paprikapulver

frisch geriebene Muskatnuss

Salz

4 Eiweiß (Größe M)

ZUM SERVIEREN

100 g gemischte Blätter von rotem Mangold und Feldsalat

4 kleine gekochte Rote Bete

Walnussöl und Balsamico für das Dressing

1 dicke Scheibe Brioche

ZUBEREITUNG

* Ergibt 6 Soufflés
* Man braucht 6 Auflaufförmchen à 100 ml

1. Den Backofen auf 200 °C vorheizen. Böden und Ränder der Förmchen sorgfältig buttern und auf ein Backblech stellen. Den Parmesan reiben.

2. Die Butter in einem kleinen Topf mit schwerem Boden schmelzen, Mehl einrühren und einige Minuten anschwitzen. Dann den Topf von der Platte nehmen und die lauwarme Milch nach und nach zugeben, dabei ständig rühren, um Klümpchenbildung zu vermeiden.

3. Den Topf wieder auf die warme Platte stellen und unter Rühren zum Kochen bringen. Erneut 1 Minute kochen lassen.

4. Wieder den Topf von der Platte ziehen und zuerst den Käse, dann die Eigelbe und Schnittlauchröllchen einrühren. Mit Pfeffer, Muskatnuss, Paprika und wenig Salz würzen. (Der Ziegenkäse ist schon recht salzig, deshalb nur sparsam salzen.)

5. Die Eiweiße steif schlagen. Vorsichtig in drei Portionen unter die Käsemischung heben, damit möglichst viel von seiner Luftigkeit erhalten bleibt.

6. Die Mischung in den 6 Auflaufförmchen verteilen. Mit einem Palettenmesser glatt streichen und mit den Fingern am inneren Rand an der Oberfläche des Soufflés entlangfahren, um die Oberfläche zu glätten.

7. 20–25 Minuten im vorgeheizten Ofen backen, bis das Soufflé goldbraun und schön aufgegangen ist.

8. Aus dem Ofen nehmen, abkühlen und aus den Formen nehmen. In einer geschlossenen Dose können die Soufflés bis zu 24 Stunden im Kühlschrank aufbewahrt werden.

9. Zum Servieren der Soufflés den Ofen auf 180 °C vorheizen. Die Soufflés auf ein mit Backpapier belegtes Blech legen und mit geriebenem Parmesan bestreuen. 20 Minuten backen, bis sie goldbraun und knusprig und wieder zu ihrer ursprünglichen Höhe aufgegangen sind.

10. Währenddessen den Salat waschen, trocken schütteln und mit Öl und Balsamico anmachen (nehmen Sie den besten, den Sie sich leisten können, es lohnt sich!), salzen und pfeffern. Die Rote Bete in Würfel schneiden und ebenfalls mit Öl und Essig mischen, salzen und pfeffern. Die Brioche in kleine Stücke zerpflücken und bei mittlerer Hitze 8–10 Minuten im Backofen aufbacken. Salat auf Tellern verteilen und die Rote Bete und die Croûtons daraufgeben.

11. Die Soufflés sofort auf dem Salatbett servieren. Wenn Kapuzinerkresse Saison hat, dann streuen Sie auch noch einige Blüten davon darüber – sie steuern einen tollen Farbtupfer bei.

Ein Rezept, das in mir heitere, herzliche Erinnerungen an eine Reise mit Seiner Königlichen Hoheit zu einem Schloss in Wales weckt. Damals machte ich zum allerersten Mal ein doppelt gebackenes Käse-Soufflé für SKH. Bei der Planung der Menüs konnte ich allerdings nicht ahnen, welch lange Wege man von der Küche zum Speisezimmer über kalte, zugige Flure zurücklegen muss. Da hieß es, die Gänge im Stechschritt zu durcheilen, um sämtliche Soufflés vor dem Zusammenfallen auf die Tische zu befördern.

FISCHBÄLLCHEN AUS STREMELLACHS

mit Butterlauch und Spargelpesto

Für diese Fischbällchen können Sie jeden Fisch nehmen. Ich mag das zart rauchige des Stremellachses, der durch Butterlauch und den frischen Geschmack des Spargels perfekt ergänzt wird. Außerhalb der Spargelsaison können Sie die Bällchen mit kurz in Butter zusammengefallenem Babyspinat und entweder einfach mit Zitrone und Kräuterbutter oder einer traditionellen Sauce hollandaise servieren.

ZUTATEN FÜR DAS SPARGELPESTO

150 g grüner Spargel
Salz
1 Handvoll Basilikum- und Minzeblättchen
15 g Pinienkerne
1 Knoblauchzehe
4 EL Olivenöl
30 g Parmesan

FÜR DIE FISCHBÄLLCHEN

250 g Stremellachs
1 Lauchstange
150 g gekochte mehlige Ofenkartoffeln
25 g Butter
Salz
frisch gemahlener schwarzer Pfeffer
fein abgeriebene Schale von 1 Bio-Zitrone
2 TL fein gehackte Petersilie
Würzmehl zum Panieren
2 Eier
225 g frische Semmelbrösel
mildes Olivenöl zum Braten, Butter zum Braten

ZUM SERVIEREN

2 Lauchstangen
30 g Butter
kleine Stängel griechisches Basilikum zum Garnieren

ZUBEREITUNG

* Ergibt 4 Portionen

1. Den Spargel vorbereiten, dafür die holzigen Enden jeder Stange abschneiden. Die Spargelköpfe abschneiden und beiseitestellen. Die übrigen Spargelstücke in 2,5 cm lange Stücke schneiden und in kochendem Salzwasser kochen. Die Spargelspitzen ebenfalls kochen und beiseitestellen.

2. Für das Pesto die gekochten Spargelstücke zusammen mit Basilikum, Minze, Pinienkernen und geschältem Knoblauch in eine Küchenmaschine geben und zu einer glatten Masse verarbeiten. Die Maschine laufen lassen und langsam das Öl einträufeln, bis die Konsistenz von Mayonnaise erreicht ist.

3. Abschmecken, den Parmesan reiben und zum Schluss unterrühren. Bis zum Gebrauch zugedeckt im Kühlschrank aufbewahren.

4. Für die Fischbällchen den Lachs zerpflücken und den Lauch waschen. Das Innere der Ofenkartoffeln mit der Butter zerdrücken und mit Salz und Pfeffer würzen. Lachs und Kartoffeln mit der abgeriebenen Zitronenschale, Lauch und Petersilie mischen und abschmecken. Die Mischung in 4 Portionen teilen und jede Portion zu einer Kugel formen. Die Eier mit etwas Salz verquirlen. Die Bällchen in Würzmehl wenden, anschließend in dem verquirlten Ei und zuletzt in den Semmelbröseln. Dann nochmals in Ei und Semmelbröseln wenden. 30 Minuten kalt stellen.

5. Die beiden Lauchstangen waschen und in feine Ringe schneiden. In einer Pfanne mit schwerem Boden wenige Minuten in Butter zugedeckt anbraten, bis sie weich sind. Sie sollten noch eine hübsche grüne Farbe haben.

6. Die Fischbällchen in einer Pfanne in einer Mischung aus Butter und Olivenöl braten, bis sie gleichmäßig goldbraun sind. Häufig wenden, damit sie auf allen Seiten gebraten werden. Alternativ können sie auch frittiert werden.

7. Zum Servieren die Spargelköpfe in der Butter aufwärmen. Ein Fischbällchen jeweils in die Mitte eines vorgewärmten Tellers auf eine Portion Lauch setzen. Rundherum Pesto und einige Spargelköpfe verteilen. Zuletzt jedes Fischbällchen mit einem Zweig griechischem Basilikum garnieren.

OFFENE RAVIOLI

mit Wildpilzen, Tomaten und karamellisierten Schalotten

ZUTATEN

15 g getrocknete Morcheln
20 kleine Schalotten
etwas Olivenöl
75 g Butter
1 Thymianzweig
Salz
frisch gemahlener schwarzer Pfeffer
1 EL feiner Zucker
250 g frische Wildpilze (ich verwende Pfifferlinge und Steinpilze)
50 g Parmesan
200 ml Crème double oder Schlagsahne
4 frische Lasagneplatten
4 Eiertomaten
2 EL Schnittlauchröllchen
frische Kräuter zum Garnieren (Kerbel und Basilikum sind meine Favoriten)

ZUBEREITUNG

* Ergibt 4 Portionen

1. Die Morcheln einweichen und die Schalotten schälen. 1 EL Olivenöl und 1 EL Butter in einem kleinen Topf mit schwerem Boden erhitzen. Schalotten und Thymian zufügen. Mit Salz, Pfeffer und Zucker würzen. Zugedeckt etwa 20 Minuten bei sehr schwacher Hitze anschwitzen, sodass die Schalotten weich sind und karamellisieren. Möglicherweise brauchen sie auch etwas länger, dann lässt man sie ohne Deckel noch weitergaren, bis sie goldgelb und zart sind.

2. Die Wildpilze putzen, aber nicht waschen. Sehr große Steinpilze in Scheiben schneiden, sonst im Ganzen lassen.

3. In einer Sauteuse (Schwenkpfanne) die restliche Butter mit etwas Olivenöl schmelzen, anschließend alle Pilze, auch die abgegossenen und abgespülten Morcheln zugeben. Bei kräftiger Hitze anbraten, sodass die Pilze Farbe bekommen. Mit Salz und Pfeffer würzen und beiseitestellen.

4. Den Parmesan reiben. Die Crème double aufkochen, den Parmesan zufügen und abschmecken. Beiseitestellen.

5. Jede Lasagneplatte in zwei Stücke schneiden oder brechen und in kochendem Salzwasser kochen.

6. Die Tomaten enthäuten, entkernen und würfeln. Die Pilze mit den Tomatenwürfeln und dem Schnittlauch erwärmen. Die Parmesansahne erwärmen und direkt vor der Verwendung mit dem Pürierstab glatt rühren.

7. Eine Nudelplatte auf jeden Teller legen, einen Löffel Pilze darauf geben und mit der Sahnesauce beträufeln. Die zweite Nudelplatte diagonal darüberlegen. Die restlichen Pilze und Schalotten darüber verteilen. Zuletzt noch etwas Sauce und frische Kräuter darübergeben und mit etwas Olivenöl beträufeln. Sofort servieren.

Bei einigen Gelegenheiten begleitete ich Seine Königliche Hoheit beim Pilzesammeln. Dies waren ungemein unterhaltsame Momente, die mir immer in Erinnerung bleiben werden.

Das Sammeln von Wildpilzen gehörte im Sommer immer zu meinen Lieblingsbeschäftigungen. Jeder Koch, der in einer dampfigen Küche stehen musste, dürfte mich um die Tage beneidet haben, in denen ich durch eine der schönsten Gegenden der Schottischen Highlands wanderte, ausgerüstet mit vielen Körben, einem scharfen kleinen Messer, guten Wanderstiefeln und, am allerwichtigsten, guter Regenbekleidung. Wenn man nur wusste, wo man nach ihnen suchen musste, konnte man immer herrliche Pilze finden. Ich bin Antonio Carluccio für immer dafür dankbar, dass er drei extrem kalte und nasse Tage damit zubrachte mir beizubringen, wie man genießbare von ungenießbaren Pilzen unterscheidet!

In dieses (meiner Meinung nach) großartigste italienische Gericht sind zwei „traditionell englische" Zutaten eingeflossen. Die Zubereitung eines italienischen Risottos habe ich direkt in seinem Herkunftsland gelernt, was eine fantastische Erfahrung war. Jedes Jahr schickte mich Seine Königliche Hoheit für ein paar Wochen nach Italien oder Frankreich, wo ich dann mit einigen unglaublichen Chefköchen in den Küchen wirklich erstaunlicher Restaurants zusammenarbeiten durfte. Dabei lernte ich viele wunderbare Dinge und genoss jede Minute dieser „Praktika". Ich kehrte jedes Mal nicht nur mit neu aufpolierten Kochfähigkeiten nach Hause zurück, sondern auch mit verbesserten Sprachkenntnissen! Diese und viele weitere Möglichkeiten machten meinen Job so speziell und lohnend.

ERBSEN-SCHINKEN-RISOTTO

mit Zuckerschoten und Parmesan

ZUTATEN

340 g TK-Erbsen
Salz
125 g Butter
frisch gemahlener schwarzer Pfeffer
1 Handvoll Zuckerschoten
1 l Hühner- oder Gemüsebrühe
(möglichst keinen Brühwürfel verwenden!)
1 Zwiebel
1 kleine Lauchstange
1 Knoblauchzehe
50 g Parmesan
115 g Schinken
4 Minzestängel
225 g Carnaroli-Risotto-Reis
240 ml trockener Weißwein
4 EL Crème fraîche

ZUBEREITUNG

* Ergibt 4 reichliche Portionen

1. Die gefrorenen Erbsen in kochendem Salzwasser gar kochen. (Nicht zu lange kochen, sonst verlieren sie ihre kräftige grüne Farbe.) Abgießen, dabei etwas von dem Kochwasser zurückbehalten.

2. Mit einem Pürierstab 300 g Erbsen mit etwa 4 EL des Kochwassers und 1 EL Butter zu einem glatten Püree verarbeiten. Mit Pfeffer und wenig Salz abschmecken und beiseitestellen.

3. Die Zuckerschoten blanchieren und mit den restlichen Erbsen zum Garnieren des Risottos beiseitestellen.

4. Zwiebel schälen und fein würfeln, vom Lauch die äußeren harten Blätter entfernen, den Lauch waschen und fein würfeln, den Knoblauch schälen und durchpressen. Parmesan fein reiben, Schinken würfeln und Minze hacken. Parmesan, Schinken und Minze beiseitestellen.

5. Die Brühe zum Kochen bringen. In einem tiefen Topf mit schwerem Boden die Hälfte der übrigen Butter zerlassen, Zwiebel, Lauch und Knoblauch zugeben. Sehr weich kochen, bis das Gemüse etwas Farbe annimmt.

6. Den Reis zu diesem „soffrito“ zugeben und gut rühren. Einige Minuten bei milder Hitze anschwitzen, sodass jedes Reiskorn mit Butter überzogen ist („tostatura“).

7. Den Weißwein zugießen und rasch aufkochen. Ständig weiterrühren, bis die Flüssigkeit weitgehend verdampft ist. Die Brühe schöpfkellenweise nach und nach zugeben. Bei schwacher Hitze kochen. Sobald der Reis die Brühe weitgehend aufgesaugt hat, die nächste Menge (wieder eine Schöpfkelle) zugießen.

8. Es ist sehr wichtig, den Reis ständig zu rühren, denn so setzt er seine Stärke frei, zugleich kann aber auch der härtere Kern langsam quellen und weich werden und genau das gibt dem Risotto seine seidige Konsistenz. Es dauert 15–18 Minuten, bis der Reis gar ist. Prüfen Sie zwischendurch, ob er gar ist. Sie werden vielleicht nicht die gesamte Brühe aufbrauchen.

9. Direkt vor dem Servieren das Erbsenpüree zugeben. Gut durchwärmen, aber nicht zu lange kochen, sonst geht die kräftige Farbe verloren. Der Risotto sollte „fließen“, er sollte „all'onda“ sein.

10. Zuletzt die restliche Butter und den Parmesan unterrühren („mantecatura“), außerdem die restlichen Erbsen, die Zuckerschoten und die Schinkenwürfel. Die Crème fraîche daraufgeben und mit der Minze bestreuen. Sofort servieren!

„Soffrito“
bezeichnet den gedünsteten Knoblauch und die gedünsteten Zwiebeln, die dem Reis beigefügt werden.

„Tostatura“
ist der Vorgang des Anschwitzens von Reis in Knoblauch, Zwiebel und Butter, damit jedes Reiskorn mit einem Fettfilm überzogen wird.

„Mantecatura“
benennt das kräftige Unterrühren von Butter und Parmesan direkt vor dem Servieren, das dem Reis eine seidige Fülle verleiht und ihn „wie eine Welle“ über den Löffel fließen lässt.

„All'onda“
sagt der Italiener dazu.

Diese italienischen Begriffe für die Schritte der Risotto-Zubereitung finde ich herrlich atmosphärisch und wohlklingend.

POCHIERTES EI AUF STAMPFKARTOFFELN

mit Erbsensprossen, knusprigem Bacon und Basilikumsauce

ZUTATEN

600 g neue Kartoffeln
Salz
3 EL Sahne
50 g Butter
4 Eier (Größe M)
ein Schuss Essig
Salz
frisch gemahlener schwarzer Pfeffer
8 dünne Scheiben geräucherter durchwachsener Speck
einige dünne Parmesanspäne
30 g Erbsensprossen

FÜR DIE SAUCE

200 g Sahne
4 EL hausgemachtes Pesto (s. Rezept S. 176)

ZUBEREITUNG

* Ergibt 4 Portionen
* Man braucht 4 Garnierringe aus Metall mit etwa 10 cm Durchmesser und ein Backblech. Ohne Garnierringe kann man die Kartoffelplätzchen auch mit der Hand formen

1. Den Backofen auf 50 °C vorheizen. Die neuen Kartoffeln schälen und in Salzwasser kochen. Sahne und Butter zusammen erhitzen, die Kartoffeln zugeben, mit einer Gabel grob unter die Sahnemischung drücken und abschmecken.

2. Die Stampfkartoffeln in die 4 Garnierringe füllen und im Backofen warm halten.

3. Die Eier im siedenden Wasser pochieren. Dafür die Eier einzeln in einer Tasse aufschlagen. In einem Topf Wasser mit einem Schuss Essig aufkochen und durch Rühren einen Strudel verursachen. Jedes Ei einzeln in den Strudel gleiten lassen und herausnehmen, wenn es wieder auftaucht. In heißem Wasser bis zur weiteren Verwendung beiseitestellen.

4. Für die Sauce die Sahne aufkochen und das Pesto unterrühren. Den Speck in einer Pfanne ohne Fett knusprig braten.

5. Zum Servieren einige Löffel Sauce in die Mitte jedes vorgewärmten Tellers geben. Die Stampfkartoffeln auf die Sauce setzen und mit einigen Zuckerschoten belegen. Zuletzt die pochierten Eier und zwei Scheiben Speck oben auf die Zuckerschoten setzen. Mit Parmesan und Erbsensprossen bestreuen und sofort servieren.

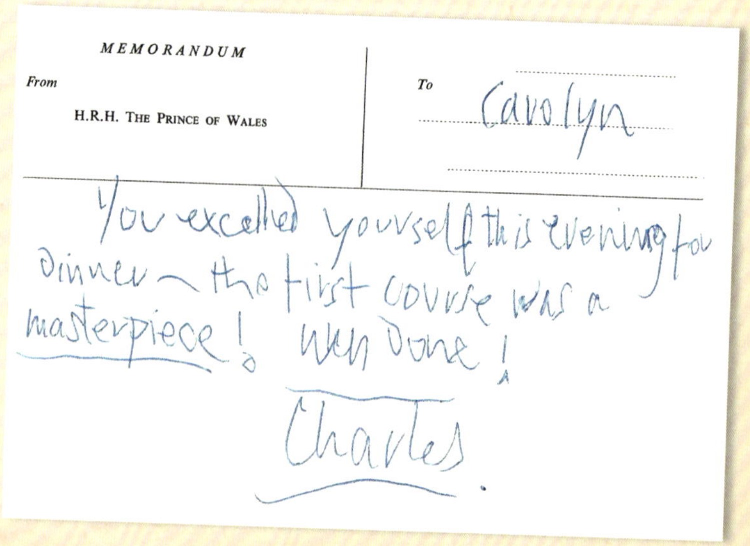
MEMORANDUM

From
H.R.H. The Prince of Wales

To
Carolyn

You excelled yourself this evening for dinner – the first course was a masterpiece! Well done!

Charles

Eine sehr nette Notiz von SKH Prinz Charles … Ich bewahre sie wie einen Schatz, da er sie mit links schreiben musste – seinen rechten Arm hatte er sich beim Polospielen gebrochen.

Dieses herrlich einfache und rustikale Gericht passt zum Frühstück wie zum Mittagessen; aber auch zu einem zwanglosen Abendessen oder zu einem offiziellen Dinner. Mit knusprigem Brot und einem grünen Salat wird aus einer Vorspeise ein köstliches leichtes Essen. Versuchen Sie, regionale Bio-Eier zu bekommen – Sie werden den Unterschied schmecken.

Für diese Suppe röste ich den Kürbis, denn so entwickelt er einen volleren Geschmack als beim Kochen. Frisch gekochte Hühnerbrühe statt eines Brühwürfels sorgt für eine weitere geschmackliche Verbesserung.

KÜRBIS-MAIS-SUPPE

mit saurer Sahne, knusprigen Tortillastreifen und Avocado

ZUTATEN

1 kg Butternut-Kürbis (Bruttogewicht etwa 1,2 kg)

2 große Zwiebeln

Olivenöl

Salz, frisch gemahlener schwarzer Pfeffer

Cayennepfeffer

brauner Zucker

115 g TK- oder Dosenmais

1 l Hühnerbrühe

250 ml Milch

ZUM GARNIEREN

1 Avocado

etwas Zitronensaft

Olivenöl

Salz, frisch gemahlener schwarzer Pfeffer

2 Maistortillas

150 g saure Sahne

ZUBEREITUNG

* Ergibt 6 Portionen

1. Den Backofen auf 200 °C vorheizen. Den Kürbis schälen, entkernen und in 5 cm große Würfel schneiden. Die Zwiebeln schälen und in Ringe schneiden. Kürbis und Zwiebelringe auf einem Backblech verteilen. Mit Olivenöl beträufeln und mit Salz, Pfeffer, etwas Cayennepfeffer und einigen TL braunem Zucker bestreuen. Alles durch Schwenken mischen, 20 Minuten rösten, aus dem Ofen nehmen und nochmals durchschwenken.

2. Die Temperatur auf 180 °C reduzieren und das Gemüse weitere 30 Minuten darin rösten, von Zeit zu Zeit prüfen und wenden. Es sollte weich sein und leicht Farbe annehmen.

3. Während das Gemüse röstet, die Garnitur zubereiten. Dafür die Avocado schälen, würfeln und mit etwas Zitronensaft, Olivenöl, Salz und Pfeffer mischen. Auf 6 kleine Schälchen verteilen.

4. Die Tortillas aufrollen und in Streifen schneiden. Wenn das Gemüse aus dem Ofen kommt, die aufgerollten Tortillastreifen auf ein mit Olivenöl bestrichenes Backblech legen und etwa 10 Minuten im Ofen goldbraun rösten. Ebenfalls auf 6 kleine Schälchen verteilen.

5. Bei Verwendung von TK-Mais für die Suppe den Mais kochen und abtropfen lassen. Die Hühnerbrühe in einem großen Topf erwärmen und gerösteten Kürbis und Zwiebeln zugeben. Die Suppe mit einem Stabmixer oder Mixer zu einem glatten Püree verarbeiten.

6. Die Suppe im Topf mit Milch und Mais mischen und abschmecken. Erhitzen und, wenn sie schön heiß ist, in vorgewärmten Suppenschalen servieren. Jede Suppenschale mit 3 kleinen Schälchen servieren, in denen die Avocadowürfel, die saure Sahne und die knusprigen Tortillastreifen angerichtet sind.

Dieser Comic erschien in der Tageszeitung Daily Mail, *nachdem ich den königlichen Haushalt verlassen hatte. Der Zeichner vermutete SKH nun in der Suppenküche.*

SALAT VON PFIRSICHEN IM SCHINKENMANTEL

mit Feigen, Büffelmozzarella, gewürzten Pekannüssen und Rucola

Es ist immer gut, ein Rezept auf Lager zu haben, das in wenigen Minuten herzustellen ist. Hier ist es. Es ist ein Sommergericht und sollte in der Pfirsichsaison serviert werden, wenn die Früchte am besten schmecken. Und es eignet sich wunderbar als Vorspeise für eine größere Gesellschaft, denn es lässt sich schnell und einfach zubereiten und erfordert in letzter Minute keine Aufmerksamkeit mehr.

ZUTATEN

50 g Pekannusshälften
etwas Olivenöl
Salz
frisch gemahlener schwarzer Pfeffer
brauner Zucker
Cayennepfeffer
2 große, wirklich reife gelbe Pfirsiche
8 Scheiben roher Schinken oder Prosciutto
4 reife Feigen
2 große Büffelmozzarella
1 Handvoll Rucolablätter
100 ml Walnussöl
50 ml Himbeeressig

ZUBEREITUNG

* Ergibt 4 Portionen

1. Den Backofen auf 175 °C vorheizen. Die Pekannüsse auf einem Backblech verteilen, mit etwas Öl vermischen und mit Salz, Pfeffer, Zucker und Cayennepfeffer nach Geschmack bestreuen. Im vorgeheizten Ofen 12–15 Minuten backen, dann abkühlen lassen.

2. Jeden Pfirsich waschen, in 6 Spalten schneiden und jedes Stück in 2 Schinkenscheiben wickeln. Jede Feige in 3 Spalten schneiden. Jede Mozzarellakugel in 6 Stücke zerpflücken.

3. Jeweils 1 Stück Pfirsich, Feige und Mozzarella kreisförmig auf einem Teller anrichten. Den Rucola waschen und trocken schütteln.

4. In die Mitte ein Häufchen Rucolablätter legen. Die gewürzten Nüsse darüberstreuen und alles mit Walnussöl und anschließend mit Himbeeressig beträufeln. Zuletzt pfeffern und sofort servieren.

FÜR EINE ELEGANTE PARTY

festlich in Creme und Grün

Eine Einladung mit Goldrand zu einem Empfang oder einem sonstigen Anlass war eine große Ehre. Die Karte, die man monatelang auf dem Kaminsims stehen ließ, veranlasste Familienmitglieder und Freunde zu neugierigen Fragen.

MATERIAL

Vendela-Rose – Rosa
Weiße Levkojen – Matthiola
Cremefarbene Levkojen – Matthiola
Klematis – Clematis „Peppermint"
Lisianthus – Lizzianthus
Weicher Frauenmantel – Alchemilla Mollis
Salomonssiegel – Polygonatum

Ich habe viele wertvolle Erinnerungen daran, wie ich für wunderschöne Partys in allen Königlichen Residenzen für eine würdige Blumendekoration gesorgt habe, wobei Buckingham Palace mein Liebling ist. SKH der Prince of Wales gab gelegentlich ein Abendessen, gefolgt von einem Konzert, an dem viele Mitglieder der Königsfamilie teilnahmen. Da ich zum Personal gehörte, genoss ich ebenfalls das Privileg, an vielen Festen im Palast teilnehmen zu dürfen. Blumen wurden so gewählt, dass sie der Würde des Anlasses entsprachen, der Duft spielte eine große Rolle. Die Kombination der Farben Creme und Grün spiegelt die einfache Eleganz wider, die Sie auch in Ihrem eigenen Haus erzeugen können.

Ich habe eine hübsche Glasvase mit Limettenscheiben ausgekleidet, um den Steckschaum zu verbergen und nebenstehende Blumen darin arrangiert.

IKH Prinz Charles und Herzogin Camilla bei einer eleganten Abendveranstaltung im Smoking und langen Abendkleid.

LEICHT & SOMMERLICH

Hauptgerichte für sonnige Tage und milde Abende

SPARGEL-MANGOLD-ZIEGENKÄSE-TARTE

FRITTATA AUS NEUEN KARTOFFELN
MIT ERBSEN, PARMESAN UND PANCETTA

MIT KRÄUTERN GEBRATENES SEEBARSCHFILET
MIT KARAMELLISIERTEM FENCHEL,
STRAUCHTOMATEN, SPINAT UND ZITRONEN-
KRÄUTERBUTTER

KURZ GEBRATENER LACHS
AUF EINER SALSA AUS TOMATE, AVOCADO
UND SCHWARZEN BOHNEN

EINFACHER FILETBRATEN VOM RIND
MIT GEDÜNSTETEN SELLERIESCHEIBEN,
GRÜNEN BOHNEN, ARTISCHOCKEN-
BÖDEN UND PILZ-SAHNE-SAUCE

LAMMFLEISCHSALAT

SOMMER-RATATOUILLE
MIT KURZ GEBRATENEM THUNFISCH

KATES HOCHZEITSBOUQUET

SPARGEL-MANGOLD-ZIEGENKÄSE-TARTE

mit Parmesan

Dieser Teig ist mehr als eine Unterlage für den Belag – er ist alleine bereits köstlich! Ich verwende für ihn zu einer Hälfte Malted Granary Flour (siehe Seite 45) und zur anderen Weizenmehl und gebe noch ein paar meiner Lieblingssamen sowie frischen Thymian und Schnittlauch dazu. Wenn Sie wenig Zeit haben, können Sie auch fertigen Mürbteig nehmen, das Ergebnis wird aber nicht ganz so gut sein. Spargel und Mangold passen perfekt zusammen und ihre Aromakombination ergänzt sich wunderbar mit dem cremigen Ziegenkäse. Am besten schmeckt die Tarte frisch aus dem Ofen, wenn der Käse noch etwas geschmolzen ist, aber sie lässt sich auch sehr gut zu einem Sommer-Picknick mitnehmen. Mit einem Tomaten-Basilikum-Salat, neuen Kartoffeln mit Minze und einer Flasche gut gekühltem lieblichen Weißwein servieren.

ZUTATEN FÜR DEN TEIG

115 g kalte Butter, in kleine Stückchen geschnitten

1 Eigelb, verquirlt mit 4 TL kaltem Wasser

85 g Weizenmehl plus eventuell etwas für die Arbeitsfläche

85 g Malted Granary Flour (ich gebe noch ein paar Hirsekörner, Mohnsamen und Kürbiskerne dazu)

Salz

sehr feine Schnittlauchröllchen

Blättchen einiger Thymianzweige

FÜR DEN BELAG

1 Bund Spargel (etwa 250 g)

Salz

150 g Blattmangold (etwa 20 kleine Blätter)

2 große Schalotten, sehr fein gehackt

50 g fein geriebener Parmesan

100 g geschnittenen Ziegenkäse (ich verwende Ziegenrolle mit Weißschimmelrinde)

200 g Crème double

200 g Crème fraîche

3 Eier (Größe M)

frisch gemahlener schwarzer Pfeffer

frisch gemahlene Muskatnuss

1 Handvoll Pinienkerne

Paprikapulver

ZUBEREITUNG

* Ergibt 6 Portionen
* Man braucht 1 Springform mit 23 cm Durchmesser oder 1 Obstkuchenform mit gewelltem Rand und herausnehmbarem Boden, Keramik-Backbohnen oder trockene Hülsenfrüchte

1. Für den Teig alle Zutaten in die Küchenmaschine geben. Mit Intervallschaltung zu einer grob bröseligen Mischung verarbeiten.
2. Man kann den Teig auch per Hand zubereiten: Die Butter mit dem Mehl krümelig vermischen, dann Wasser und Ei vorsichtig und kurz untermischen. Die Mischung auf der leicht bemehlten Arbeitsfläche mit den Händen zu einer glatten Kugel verbinden, dabei möglichst wenig kneten.
3. Den Teig dünn ausrollen und die Form damit auskleiden. Der Teig sollte leicht über die Ränder hinausstehen, damit die Teigränder, wenn sie beim Backen etwas schrumpfen, nicht zu kurz werden. Wenn man die Ränder mit der Schere in Form schneidet, schrumpft der Teig nicht so leicht.
4. Den Teig vor dem Backen mindestens 20 Minuten kalt stellen. Den Backofen auf 200 °C vorheizen.
5. Den Teig mit Backpapier oder Alufolie belegen und Backbohnen oder Hülsenfrüchte daraufgeben.
6. 15 Minuten backen, die Backbohnen und das Papier entfernen und weitere 5–10 Minuten backen, damit der Boden leicht knusprig wird.
7. Für den Belag den Spargel wie gewohnt vorbereiten. Holzige Endstücke abschneiden. Die Spitzen abschneiden und den Rest in 5 cm lange Stücke schneiden. In kochendem Salzwasser leicht garen.
8. Den Mangold waschen. Die harten Stängel entfernen. Die Blätter wenige Sekunden in kochendem Salzwasser blanchieren, anschließend gut abtropfen lassen.
9. Schalotten, Spargel und Mangold auf der Tarte verteilen und mit Parmesan bestreuen. Anschließend die geschnittene Ziegenkäserolle darauf verteilen.
10. Crème double, Crème fraîche und die Eier verrühren und mit Salz, Pfeffer und Muskat würzen.
11. Die Mischung auf die Tarte gießen. Mit Pinienkernen bestreuen und mit Paprikapulver bestäuben.
12. Die Tarte 30 Minuten bei 190 °C backen, bis der Belag fest und die Oberseite goldgelb ist. Am besten warm servieren.

FRITTATA AUS NEUEN KARTOFFELN

mit Erbsen, Parmesan und Pancetta

Kartoffeln, Erbsen, Parmesan und Pancetta: eine meiner Lieblingskombinationen, vor allem in dieser köstlichen Sommer-Frittata. Man kann sie warm oder kalt, am Tisch oder auf einem Berggipfel, zum Frühstück, Mittag- oder Abendessen genießen. Frittatas eignen sich ausgezeichnet, um Gemüse- und Käsereste zu verwerten! In der Königlichen Küche war es immer wichtig, nichts zu verschwenden, vor allem im Hochsommer, wenn es frische Produkte aus dem Garten in Hülle und Fülle gab. Einige der besten Frittatas, die ich gemacht habe, waren die „Kühlschrank-Aufräumversionen", bei denen alle köstlichen Reste verwertet wurden. Sie können auch einzelne Frittatas in kleinen Metall-Backringen backen.

ZUTATEN

8 Frühlingszwiebeln
175 g frische oder TK-Erbsen
125 g frischer Spinat
350 g (etwa 24 Stück) kleine neue Kartoffeln
30 g Butter
2 EL Olivenöl
50 g Parmesan
2 EL grob gehackter Schnittlauch, Basilikum und Petersilie
8 Eier (Größe M)
150 g Crème double
Salz
frisch gemahlener schwarzer Pfeffer
frisch geriebene Muskatnuss
125 g Feta
100 g sehr dünne Scheiben Pancetta (etwa 12 Stück)

ZUBEREITUNG

* Ergibt 1 Frittata mit 18–20 cm Durchmesser, 6 reichliche Portionen – zum Frühstück, Mittag- oder Abendessen
* Man braucht 1 ofenfeste Bratpfanne mit 18–20 cm Durchmesser, vorzugsweise mit Antihaftbeschichtung

1. Die Frühlingszwiebeln waschen und in 5 cm lange Stücke schneiden. Die Erbsen in etwas Salzwasser garen, den Spinat waschen, grob hacken und kurz in einem Topf bei mittlere Hitze zusammenfallen lassen. Die Kartoffeln in Salzwasser garen.

2. Die Butter zusammen mit dem Olivenöl in der Pfanne erhitzen. Die Frühlingszwiebeln darin weich dünsten und die Pfanne von der Platte nehmen. Kartoffeln, zusammengefallenen Spinat und Erbsen in die Pfanne geben. Parmesan fein reiben und zusammen mit den gehackten Kräutern darüberstreuen.

3. Die Eier mit der Crème double verrühren und mit Salz, Pfeffer und Muskatnuss würzen. Über das Gemüse gießen. Den Backofen auf 180 °C vorheizen.

4. Den Feta zerbröckeln und darüberstreuen. Zuletzt den Pancetta locker darüber verteilen. Mit einer Gabel lässt er sich leicht „raffen", sodass auf der Oberseite von allen Zutaten etwas zu sehen ist, vom hübschen Grün des Spinats bis zum Kontrast des weißen Feta und dem rosafarbenen Pancetta.

5. Die Frittata im Ofen 20–30 Minuten backen, bis sie gestockt und die Oberseite goldgelb ist. Am liebsten esse ich sie frisch aus dem Ofen. Mit gemischtem Blattsalat, Minz-Dressing und warmem knusprigen Brot servieren.

Bei der Zubereitung von Seebarsch kommt mir eine Privatreise Seiner Königlichen Hoheit in ein kleines Dorf in Italien in den Sinn, auf der ich ihn begleiten durfte. Der Seebarsch, italienisch „Spigola", den ich dort beim Fischhändler bekam, war bei Weitem der beste, den ich je zubereitet habe. Doch ihn zu bekommen, war alles andere als einfach ... Die übliche Küchenroutine sah so aus, dass bis nach dem Mittagessen gearbeitet wurde und am Nachmittag ein paar Stunden für Einkäufe vorgesehen waren. Als ich am ersten Nachmittag losging, war alles wie ausgestorben – natürlich, wir waren ja auch in Italien und es war die Zeit der Siesta! Also kam ich am nächsten Vormittag wieder, nur um festzustellen, dass viele Geschäfte sonntags gar nicht öffnen. Beim dritten Mal wirst du Glück haben, sagte ich mir, als ich fröhlich am frühen Montagmorgen wieder aufbrach. Ich hatte kein Glück. Es war ein Feiertag und abgesehen von Espresso oder Cappuccino war nichts zu bekommen. Am Nachmittag fuhren der Butler und ich in eine deutlich größere Stadt. Inzwischen waren unsere Vorräte ziemlich geschrumpft, doch wir fanden zum Glück offene Geschäfte und eine Vielfalt an herrlich frischen Produkten. Dort bekamen wir endlich auch den Seebarsch, den ich versprochen hatte.

MIT KRÄUTERN GEBRATENES SEEBARSCHFILET

mit karamellisiertem Fenchel, Strauchtomaten, Spinat und Zitronen-Kräuterbutter

ZUTATEN

4 Seebarschfilets mit Haut und ohne Gräten à ca. 140 g

2 EL Olivenöl plus etwas für das Blech und zum Beträufeln

frisch gemahlener schwarzer Pfeffer

etwa 20 Mini-Flaschentomaten

Salz

Zucker

4 Fenchelknollen

etwas Puderzucker

400 g Babyspinat

FÜR DIE KRÄUTERBUTTER

60 g Butter

Petersilie, Dill und Schnittlauch

1 Bio-Zitrone

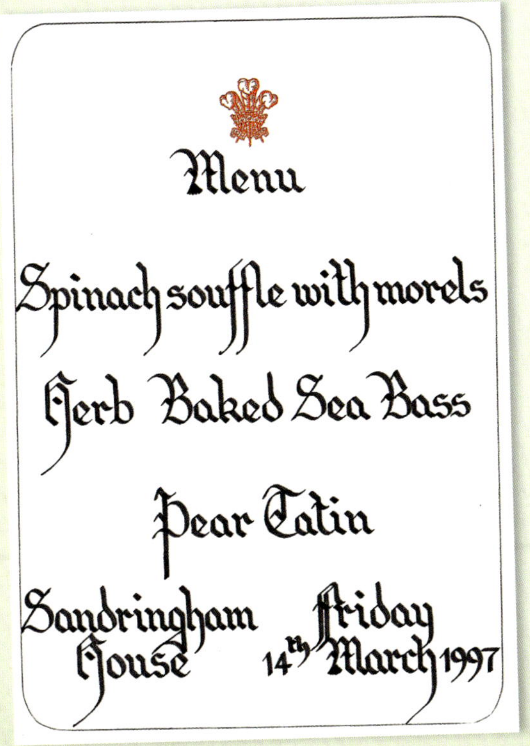

Menu

Spinach souffle with morels

Herb Baked Sea Bass

Pear Tatin

Sandringham House

Friday 14th March 1997

ZUBEREITUNG

* Ergibt 4 Portionen
* Man braucht 2 Backbleche, 1 Pfanne mit schwerem Boden

1. Den Backofen auf 180 °C vorheizen.

2. Für die Kräuterbutter etwa 1 Handvoll Petersilie, Dill und Schnittlauch sehr fein hacken und mit der Butter sowie der abgeriebenen Zitronenschale und 2 TL Zitronensaft mit einem elektrischen Handrührgerät leicht und luftig schlagen.

3. Die Fischfilets mit der Hautseite nach unten auf ein leicht mit Olivenöl gefettetes Backblech legen. Auf jedes Fischfilet etwas Kräuterbutter setzen, pfeffern und das Backblech mit Alufolie abdecken. 12–15 Minuten backen.

4. Die Tomaten waschen, mit dem Messer kreuzweise einschneiden, mit Salz, Pfeffer und Zucker würzen und mit dem Olivenöl beträufeln. Die Tomaten gleichzeitig mit dem Fisch backen, aber auf einem weiteren Backblech.

5. Den Fenchel vorbereiten. Dafür waschen, die grobe äußere Schicht entfernen und an der Unterseite ein Stück abschneiden. Jede Knolle je nach Größe halbieren oder vierteln. Das Olivenöl in einer Pfanne mit schwerem Boden erhitzen, den Fenchel zugeben, etwas Puderzucker darübersieben und bei starker Hitze einige Minuten braten, dabei mehrmals wenden, damit er rundum bräunt.

6. Die Pfanne mit einem Deckel schließen und den Fenchel bei schwächerer Hitze 15–20 Minuten weich garen.

7. Den Spinat waschen, trocken schütteln, in einer Pfanne mit etwas Kräuterbutter kurz zusammenfallen lassen, mit Salz und Pfeffer würzen und alle Flüssigkeit abgießen.

8. Zum Servieren den Spinat auf 4 Teller verteilen und jeweils ein Fischfilet darauflegen. Mit einigen kleinen Tomaten und Stücken vom karamellisierten Fenchel garnieren. Zuletzt noch etwas von der Kräuterbutter auf den Fisch geben.

Seebarsch auf der Speisekarte eines royalen Dinners in Sandringham House.

Die Zubereitung von Lachs lässt in mir unweigerlich viele glückliche Tage mit SKH dem Prince of Wales auf Schloss Balmoral in Schottland wieder aufleben. Waren wir während der Lachs-Angelsaison zwischen Februar und September dort, setzte ich gerne Lachs als Option auf den Speiseplan. Seine Königliche Hoheit wählte ihn häufig, schrieb aber immer dahinter „nur wenn ich einen fange!". Es gibt keinen besseren Fisch als einen frisch gefangenen Lachs aus dem wunderschönen River Dee, der durch das Schlossgelände fließt. Allerdings war es ratsam, immer eine Alternative in Reserve zu haben, für den Fall, dass die Angelgesellschaft mit leeren Händen heimkehrte!

ZUTATEN

4 Lachsfilets ohne Haut (à ca. 170 g)

2 EL mildes Olivenöl und etwas zum Braten

abgeriebene Schale von 1 Bio-Orange

abgeriebene Schale und Saft von 2 Bio-Limetten (1 ½ EL zurückbehalten)

frisch gemahlenes Meersalz

frisch gemahlener schwarzer Pfeffer

FÜR DIE SALSA

125 g schwarze Bohnen

frisch gemahlenes Meersalz

frisch gemahlener schwarzer Pfeffer

3 EL natives Olivenöl extra

1 ½ EL Limettensaft (zurückbehalten von den Zutaten beim Lachs; oder mehr, wenn man die Salsa sehr würzig mag)

1 kleine rote Zwiebel

2 große Strauchtomaten

1 reife aber feste mittelgroße Avocado (ich verwende gerne die Sorten Hass oder Fuerte)

1 gute Handvoll griechische Basilikumblätter (diese Sorte hat sehr kleine Blätter, das beste Aroma und sieht besonders schön aus)

1 Handvoll Rucola

ZUBEREITUNG

* Ergibt 4 Portionen
* Man braucht 1 Pfanne mit schwerem Boden, vorzugsweise mit Antihaftbeschichtung

1. Die schwarzen Bohnen über Nacht einweichen.
2. Eine Stunde vor der geplanten Zubereitung des Lachses überprüfen, ob er noch kleine Gräten enthält, die entfernt werden müssen, den Lachs anschließend auf eine flache Platte oder einen Teller legen.
3. Jedes Fischstück mit etwas Olivenöl bepinseln, etwas Orangen- und Limettenschale direkt auf den Fisch reiben (wenn die Zitrusschalen erst auf einen Teller gerieben und dann auf den Fisch gegeben werden, verlieren Sie einen Teil der herrlich aromatischen ätherischen Öle), Salz und etwas schwarzen Pfeffer darübermahlen. Den Fisch wenden und die Schritte wiederholen.
4. Den Teller mit Frischhaltefolie abdecken und bis zur Verwendung im Kühlschrank aufbewahren.
5. Für die Salsa die Bohnen nach dem Einweichen gründlich abspülen, in einen Topf geben, mit kaltem Wasser bedecken und aufkochen. Etwa 40 Minuten köcheln lassen, bis sie gar sind (Packungsanweisung der verwendeten Bohnen beachten).
6. Sobald die Bohnen fertig sind, gut abtropfen lassen und in eine große Schüssel geben. Mit frisch gemahlenem Meersalz und Pfeffer würzen, Olivenöl und Limettensaft mischen. Rote Zwiebel schälen, sehr fein hacken und ebenfalls zugeben, abdecken und ein paar Stunden stehen lassen, damit sich die Aromen schön entfalten können. Kommen Sie nicht in Versuchung, Dosenbohnen zu verwenden – Sie würden enttäuscht sein vom Geschmack und Aussehen der Bohnen und vor allem auch von der matschigen Konsistenz!
7. Direkt vor dem Braten des Lachses die Tomaten mit kochendem Wasser überbrühen, enthäuten, entkernen und würfeln. Die Avocado aus der Schale lösen und fein würfeln. Mit allen restlichen Zutaten unter die Salsa mischen. Mit Salz und Pfeffer abschmecken.
8. In einer Pfanne mit dickem Boden, vorzugsweise mit Antihaftbeschichtung, etwas Olivenöl erhitzen.
9. Sobald die Pfanne heiß ist, die Lachsfilets in die Pfanne legen und auf jeder Seite je nach Dicke 2–3 Minuten braten. Der Fisch sollte etwas Farbe annehmen, am saftigsten ist er, wenn die Mitte noch etwas dunkler rosa ist als Ober- und Unterseite (siehe Foto).
10. Zum Servieren in die Mitte jedes Tellers etwas von der Salsa geben und den Lachs darauflegen.
11. Der Fisch kann kalt serviert werden, ich mag ihn jedoch am liebsten, wenn er noch warm ist.

SKH Prinz Charles und seine Söhne während der Lachs-Angelsaison auf Schloss Balmoral.

KURZ GEBRATENER LACHS

auf einer Salsa aus Tomate, Avocado und schwarzen Bohnen

Das biologisch erzeugte Rindfleisch vom Bauernhof in Highgrove war wunderbar. Zwar stand es nicht häufig auf dem Speiseplan, erntete dann aber stets begeisterte Kommentare. Im Jahr 2000 engagierte sich SKH der Prince of Wales bei einer Kampagne, die Europas Chefköche überzeugen sollte, wieder britisches Rindfleisch auf ihre Speisekarten zu setzen. Zwanzig führende Chefköche, die meisten mit Michelin-Sternen ausgezeichnet, wurden in Begleitung einiger der besten heimischen Köche zwei Tage lang durch landwirtschaftliche Betriebe und Restaurants im Vereinigten Königreich geführt. Dabei besuchten sie auch den biologischen „hauseigenen Bauernhof“ des Prince of Wales, bevor sie in Highgrove an einem von uns zubereiteten Abendessen teilnahmen. Von allen Abendessen, die ich je gekocht habe, hat mich dieses mit Sicherheit die meisten Nerven gekostet. Aber alles klappte gut, die Chefköche waren charmant und wir bekamen viele Komplimente für unser Essen.

EINFACHER FILETBRATEN VOM RIND

mit gedünsteten Selleriescheiben, grünen Bohnen, Artischockenböden und Pilz-Sahne-Sauce

ZUTATEN

1 Zitrone

4 kleine Artischocken
(alternativ kleine italienische Artischockenböden in Öl aus dem Feinkostladen)

Olivenöl

Salz

150 g grüne Bohnen

400 g Knollensellerie

60 g Butter, evtl. etwas mehr

4 Filetsteaks (à ca. 140 g)

frisch gemahlener schwarzer Pfeffer

100 g Steinpilze
(oder sonstige Wildpilze, die gerade Saison haben)

100 g braune Champignons

einige Thymianzweige

150 g Sahne

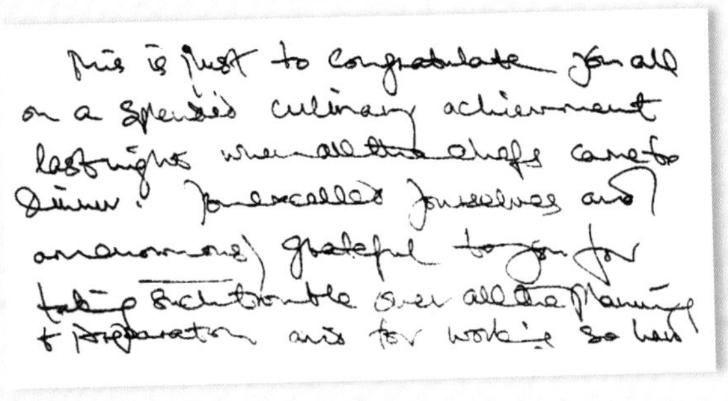
This is just to congratulate you all on a splendid culinary achievement last night when all the chefs came to dinner! You excelled yourselves and I am enormously grateful to you for taking such trouble over all the planning + preparation and for working so hard!

Ein ausgesprochen netter kleiner Dankesbrief nach unserem „Rindfleisch-Abendessen" vom verständnisvollsten Chef, den man sich nur vorstellen kann!

ZUBEREITUNG

* Ergibt 4 Portionen
* Man braucht 1 Backblech und 1 Pfanne mit schwerem Boden, vorzugsweise mit Antihaftbeschichtung

1. Zum Vorbereiten der Artischocken eine Schüssel mit kaltem Wasser füllen und den Saft von ½ Zitrone dazugeben. Den Stiel jeder Artischocke herausbrechen oder abschneiden und die äußeren Blätter entfernen, bis man zu den weichen violetten Innenblättern vorgedrungen ist. Mit einem kleinen scharfen Messer die kleinen Innenblätter wegschneiden und die Artischockenböden außen herum zu einem sauberen Kreis schneiden. Die Artischockenböden auf die Seite legen und mit einem großen scharfen Kochmesser die Oberseite abschneiden, um die hochstehenden „Stacheln" zu entfernen. Mit einem Löffel das restliche „Heu" aus der Mitte herauskratzen. Jeden Artischockenboden anschließend sofort in das gesäuerte Wasser legen, damit er sich nicht verfärbt. Mit einigen Zitronenscheiben und etwas Olivenöl in kochendem Salzwasser 10–12 Minuten kochen.

2. Die grünen Bohnen putzen, waschen und in kochendem Salzwasser bissfest kochen. In Eiswasser abschrecken und beiseitestellen.

3. Den Sellerie schälen und mit einem großen scharfen Messer in sehr dünne Scheiben schneiden. Die Butter in einer großen Pfanne, vorzugsweise mit Antihaftbeschichtung, zerlassen, die Hälfte beiseitestellen und die Selleriescheiben in der restlichen Butter weich und an den Rändern goldbraun braten. Herausnehmen und die Pfanne säubern.

4. Den Backofen auf 200 °C vorheizen. Die Steaks mit einem Teil der restlichen zerlassener Butter bestreichen und kräftig mit Salz und Pfeffer würzen. Die Pfanne wieder erhitzen, die Steaks hineinlegen und 4–5 Minuten braten, dabei öfter wenden, um sie von allen Seiten kräftig anzubraten.

5. Die Steaks auf ein Backblech legen und im Ofen weitere 8–10 Minuten „medium" garen.

6. Während die Steaks im Ofen sind, die Pilze putzen und in Scheiben schneiden. In der Pfanne, in der die Steaks angebraten wurden, in der restlichen Butter anbraten. Mit Salz und Pfeffer würzen, Thymian und Sahne zugeben und die Sauce einige Minuten köcheln lassen.

7. Vor dem Servieren die Bohnen, die Artischockenböden und die Selleriescheiben in wenig Olivenöl oder Butter erhitzen.

8. Die Selleriescheiben auf vorgewärmten Tellern verteilen, jeweils ein Steak darauflegen, außen herum Bohnen und Artischockenherzen verteilen. Die Sauce mit einem Löffel über die Steaks verteilen und sofort servieren.

LAMMFLEISCHSALAT

mit Minz-Vinaigrette

Lamm gehörte zu den Lieblingsgerichten von IKH Prinzessin Diana, vor allem, wenn es mit viel Minze angerichtet war. Dieses Rezept lässt sich sehr schnell zubereiten und die Limetten-Minz-Vinaigrette ist herrlich würzig.

ZUTATEN

Olivenöl zum Braten
1 entbeintes und vom Fett befreites Lammkarree
Salz
frisch gemahlener schwarzer Pfeffer
100 g gemischte Salatblätter
½ rote Zwiebel
¼ Gurke
200 g Feta
12 Mini-Eiertomaten
12 Kalamata-Oliven
1 Handvoll frische Minzeblätter

FÜR DIE MINZ-VINAIGRETTE

1 kleine Schalotte
2 EL Minze
2 EL Limettensaft
1 EL Weißweinessig
½ TL Dijonsenf
Salz
frisch gemahlener schwarzer Pfeffer
brauner Zucker nach Belieben
6 EL mildes Olivenöl oder Traubenkernöl

ZUBEREITUNG

* Ergibt 2 Portionen
* Man braucht 1 Pfanne mit schwerem Boden

1. Für die Vinaigrette die Schalotte schälen und fein würfeln und die Minze waschen, trocken schütteln und hacken. In einer mittelgroßen Schüssel alle Zutaten für die Vinaigrette mit Ausnahme des Öls mischen. Anschließend das Öl unter ständigem Rühren mit dem Schneebesen langsam einfließen lassen, sodass die Vinaigrette emulgieren und dicklich werden kann. Mit Salz, Pfeffer und falls nötig einer Prise braunem Zucker abschmecken. Am besten am selben Tag verzehren, da die Minze ihre kräftige grüne Farbe verliert und eher unschön grau wird.

2. Eine Pfanne mit schwerem Boden bei starker Hitze erhitzen, dann das Olivenöl hineingeben. Das Lammfleisch mit Salz und Pfeffer würzen und in die Pfanne legen. 8–10 Minuten kräftig anbraten, sodass es von allen Seiten bräunt und innen „à point" ist. Zudecken, um es warm zu halten und vor dem Aufschneiden 10 Minuten ruhen lassen.

3. Für den Salat die Salatblätter waschen und trocken schütteln, die Zwiebel schälen, die Gurke waschen und beides in sehr dünne Scheiben schneiden. Den Feta zerbröckeln. In einer großen Schüssel alle Salatzutaten mit einer kleinen Menge der Vinaigrette schwenken. Den Salat auf eine Servierplatte häufen und die Lammfleischscheiben darauf anrichten.

4. Zum Schluss Vinaigrette über das Lammfleisch träufeln. Sofort servieren.

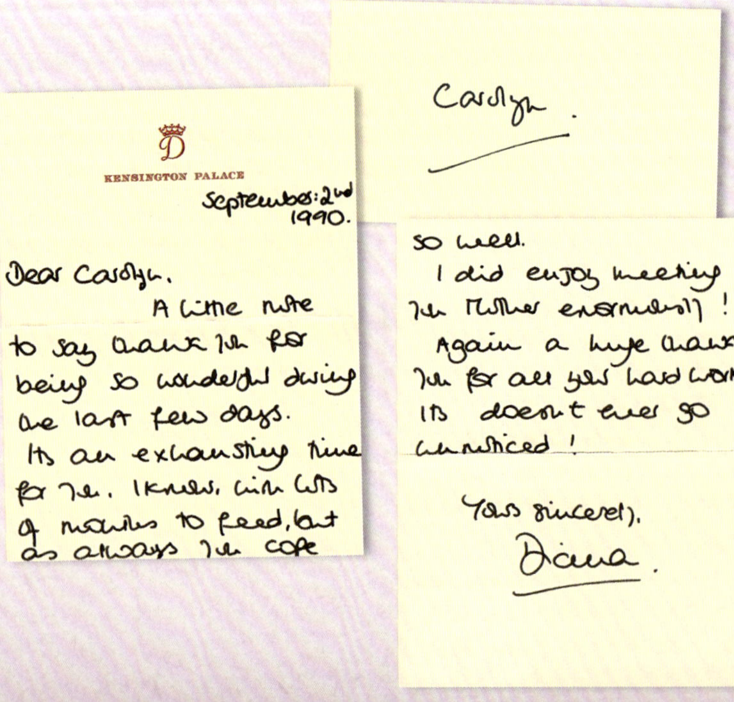
KENSINGTON PALACE

September 2nd 1990.

Dear Carolyn,
A little note to say thank you for being so wonderful during the last few days. It's an exhausting time for you, I know, with lots of mouths to feed, but as always you cope so well.
I did enjoy meeting your mother enormously! Again a huge thank you for all your hard work its doesn't ever go unnoticed!

Yours sincerely,
Diana.

Carolyn.

Ein kleiner Dank, den ich von IHK Prinzessin Diana nach einem arbeitsreichen Wochenende erhielt!

SOMMER-RATATOUILLE

mit kurz gebratenem Thunfisch

In der Küche des Michelin-Sterne-Restaurants „Le Moulin de Mougins" von Roger Verge in der Provence verbrachte ich zwei fantastische Wochen, von denen ich jede Minute genoss und während derer ich viele wunderbare neue Dinge kennenlernte. Die umwerfende Chance, bei einem der großartigsten Chefköche arbeiten zu dürfen, war ein weiteres großes Privileg, das mir SKH der Prince of Wales ermöglichte. Durch seine Lage in der Provence hatte das Restaurant Zugriff auf die besten frischen Produkte, die ich je gesehen habe. Besonders erinnere ich mich an die dicken glänzenden Auberginen, an die Zucchini und ihre schönen Blüten, an unglaublich süße und aromatische Tomaten, die bunte Palette von Paprika und es gab natürlich Knoblauch in Hülle und Fülle. Die gefüllten Zucchiniblüten, ein wunderschönes Gericht, waren eine Spezialität auf der Speisekarte. Ein besonderes Lieblingsgericht von mir war ein im Ofen überbackenes Ratatouille. Für dieses schnelle und farbenfrohe Essen habe ich dieselben Ratatouille-Zutaten verwendet, aber auf einfachste Weise verarbeitet. Wer eine vegetarische Variante bevorzugt, ersetzt den Thunfisch durch gebackenen Ziegenkäse und serviert das Ganze mit großen Sauerteig-Croûtons.

ZUTATEN

8 Mini-Zucchini
8 Mini-Auberginen
2 milde gelbe Paprika
2 milde rote Paprika
6 Eiertomaten
Olivenöl
Balsamico
Salz
frisch gemahlener schwarzer Pfeffer
4 Thunfischsteaks (à ca. 150 g)
1 gute Handvoll griechisches Basilikum

ZUBEREITUNG

* Ergibt 4 Portionen
* Man braucht 1 Fettpfanne

1. Den Backofen auf 200 °C vorheizen. Zucchini, Auberginen, Paprika und Tomaten putzen, waschen und halbieren. Paprika entkernen und weiße Scheidewände entfernen. Alle Gemüsesorten in eine große Schüssel geben. Mit Olivenöl und Balsamico beträufeln und mit Salz und frisch gemahlenem schwarzen Pfeffer würzen. Gründlich durchschwenken.

2. Das Gemüse in eine Fettpfanne füllen und 20–30 Minuten backen, dabei mehrmals wenden, bis alles weich und leicht gebräunt ist.

3. Etwas Olivenöl in einer Pfanne mit schwerem Boden erhitzen. Den Thunfisch rundherum mit Salz und Pfeffer würzen und 3–5 Minuten kräftig anbraten, dabei nach Bedarf wenden, bis er auf allen Seiten Farbe angenommen hat, in der Mitte jedoch noch rosafarben ist. Einige Minuten ruhen lassen.

4. Das warme gebratene Gemüse auf eine Servierplatte geben oder auf einzelne Teller verteilen. Den Thunfisch darauflegen.

5. Mit reichlich griechischem Basilikum bestreuen und mit zusätzlichem Olivenöl und Balsamico beträufeln. Zuletzt schwarzen Pfeffer darübermahlen. Sofort servieren.

La cuisinière du prince Charles chez le prince des cuisiniers

La cuisine française jouit d'une telle réputation à travers le monde qu'on ne cherche pas seulement à la consommer, mais aussi à l'apprendre, pour ne pas dire à l'imiter. Les grands chefs étrangers viennent sur place, auprès des maîtres de la gastronomie nationale, s'initier à des secrets qu'on imagine, à tort, les mieux gardés du monde.

Actuellement — après des élèves aussi célèbres que Claudia Cardinale, James Coburn, Donald Sutherland ou Robert Wagner — le « Moulin de Mougins » accueille une stagiaire de marque : Mlle Carolyn Robb, la cuisinière du prince Charles (et de Lady Dy avant la séparation que l'on sait). Cette grande et jolie blonde, âgée à peine d'une trentaine d'années, est dotée, si l'en en croit Roger Vergé, d'une science déjà sûre : *« Nous avons pu lui confier d'emblée des tâches d'importance. »*

Serge Chollet, qui travaille depuis 25 ans aux côtés de Roger Vergé, a été le mentor de la jeune Anglaise. Le stage a duré neuf jours. Le temps de mijoter quelques bons foies gras, lier les sauces les plus délicates, cuisiner les viandes et les poissons les plus fins.

Certes, entre les fourneaux français et anglais, le fossé semble plus profond que le Channel. Mais gageons que ce rapprochement des tables facilitera, autant que le tunnel sous la Manche, le mariage de l'île et du Vieux Continent.

Nicolas GIUDICI.

Ein Zeitungsausschnitt aus „Cannes & Nice Matin". Ich helfe gerade bei der Zubereitung der köstlichen kleinen „Tarte Tatins".

KATES HOCHZEITS-BOUQUET

und seine Bedeutung

Kates Hochzeit mit Prinz William am 29. April 2011 begeisterte die Nation. Die gespannte Erwartung, was für ein Kleid sie tragen und welche Blumen sie wählen würde, waren das wichtigste Gesprächsthema in den Wochen vor diesem wunderbaren Ereignis.

MATERIAL

Maiglöckchen – Convallaria
Bartnelke – Dianthus
Hyazinthe – Hyacinthus
Efeu – Hedera
Myrte – Myrtus

ANLEITUNG

Sie trug ein wunderschön gebundenes Bouquet aus Maiglöckchen (sie bedeuten Glück), Bartnelken (Ritterlichkeit), Hyazinthen (Beständigkeit der Liebe), Efeu (Treue, Heirat, eheliche Liebe und Zuneigung) und schließlich Myrte (Ehe und Liebe). Es wurden zwei identische Bouquets angefertigt, um sicherzustellen, dass sie den ganzen Tag über einen frischen und schönen Strauß tragen konnte. Die königliche Tradition verlangt, dass das Bouquet anschließend auf dem Grab des „Unbekannten Soldaten" niedergelegt wird. Dort ruhen die sterblichen Überreste eines Soldaten aus dem Ersten Weltkrieg, das Grab ist zum Symbol für die Kriegstoten der Nation geworden.

Ich habe alle Blumen zusammengestellt, die in diesem herrlichen Bouquet enthalten waren und in einer hübschen Glasvase zu einem Strauß arrangiert. Er erinnert an diesen denkwürdigen Tag.

Sweet William
Lily-of-the-valley
Hyacinths

WARM & WOHLIG

Hauptgerichte für den Winter

SCHICHTWEISE GEFÜLLTE AUBERGINE
MIT BULGUR, TOMATE UND ZIEGENKÄSE

BUCHWEIZENPFANNKUCHEN MIT SPINAT,
LAUCH, BACON UND GRUYÈRE

KARTOFFEL-SALBEI-TORTE
MIT LAMM-APRIKOSEN-RAGOUT

KEDGEREE MIT GERÄUCHERTEM SCHELLFISCH,
LAUCH, RAHMSPINAT UND WACHTELEIERN

FASANENBRUST IN GEBRATENER PANCETTA-
HÜLLE MIT POLENTA, WIRSING UND PILZSAUCE

LANGSAM GESCHMORTES RINDFLEISCH
IN ROTWEIN MIT PUY-LINSEN,
SERVIERT MIT SELLERIEPÜREE

WARMER TOPINAMBUR-SALAT
MIT GERÄUCHERTEM BACON UND ZITRONEN-
PETERSILIEN-DRESSING

WINTERLICHER BLUMENKRUG

SCHICHTWEISE GEFÜLLTE AUBERGINE

mit Bulgur, Tomate und Ziegenkäse

Gefüllte Aubergine war eines der Lieblingsgerichte von IKH Prinzessin Diana, weshalb das Gericht regelmäßig auf dem Speiseplan stand. Es ist sowohl als Vorspeise als auch als Hauptgericht gleichermaßen köstlich und seine Zubereitung ist einfach. Auch lässt es sich gut vorbereiten und muss kurz vor dem Servieren nur noch in den Ofen geschoben werden. Die Saucenmenge ist reichlich und mehr, als Sie zum Füllen der Auberginen brauchen werden. Ich serviere jedoch gerne etwas Tomatensauce und geriebenen Parmesan extra dazu. Um eine gehaltvollere Mahlzeit daraus zu machen, können Sie auch noch mehr Bulgur dazu zubereiten.

ZUTATEN

2 große Auberginen
Salz
frisch gemahlener schwarzer Pfeffer
Olivenöl zum Beträufeln und Braten
Blättchen von 1 Thymianzweig
1 rote Zwiebel
100 g Bulgur
1 gelbe Paprika
1 rote Paprika
150 g Ziegenkäserolle
60 g Parmesan
1 Handvoll frische Basilikumblättchen

FÜR DIE TOMATENSAUCE

2 Zwiebeln
2 Knoblauchzehen
Olivenöl zum Braten
1 große Dose stückige Eiertomaten (800 g)
Blättchen von 2 Thymianzweigen
Salz
frisch gemahlener schwarzer Pfeffer
Zucker

ZUBEREITUNG

* Ergibt 4 Portionen
* Man braucht 1 Backblech

1. Den Backofen auf 200 °C vorheizen.
2. Die Auberginen waschen und der Länge nach halbieren. Das Fruchtfleisch mit einem scharfen Messer mehrmals einritzen, mit Salz und Pfeffer würzen und mit Olivenöl beträufeln.
3. Die Auberginen etwa 30 Minuten auf einem mit Backpapier belegten Blech backen, bis das Fleisch weich ist. Den Ofen nicht ausstellen.
4. Das Auberginenfleisch vorsichtig aus der Schale herauskratzen, ohne sie dabei zu beschädigen. Fein hacken, mit den frischen Thymianblättchen mischen und mit Salz und Pfeffer würzen. Die zum Füllen bereiten Auberginenschalen wieder auf das Backblech setzen.
5. Während die Auberginen im Ofen sind, die Tomatensauce zubereiten. Dafür die Zwiebeln und den Knoblauch schälen, die Zwiebeln fein hacken und den Knoblauch zerdrücken. Beides zusammen in Olivenöl anbraten, bis die Zwiebeln weich und glasig sind.
6. Tomaten, Thymian, Salz, Pfeffer und Zucker zugeben. Zugedeckt bei schwacher Hitze 30 Minuten köcheln lassen, anschließend weitere 5 Minuten ohne Deckel, damit etwas Flüssigkeit verdampfen und die Sauce einkochen kann.
7. Die rote Zwiebel für die Auberginen schälen und fein hacken. In etwas Olivenöl anbraten, den Bulgur zugeben und nach Packungsanweisung kochen. Die Paprika waschen, Kerne und weiße Scheidewände entfernen und das Fruchtfleisch fein würfeln. In wenig Öl leicht anbraten.
8. Die Aubergine zusammensetzen. Dafür die Auberginenschale zunächst mit einer Schicht Bulgur füllen. Den Ziegenkäse in Scheiben schneiden und darauflegen.
9. Darauf eine Schicht Auberginenfruchtfleisch geben und mit etwas Tomatensauce übergießen. Den Parmesan fein reiben und eine großzügige Schicht über die Sauce streuen. Nun eine weitere Schicht Bulgur daraufgeben.
10. Die Bulgurschicht mit gebratenen Paprikawürfeln und geriebenem Parmesan bedecken. Zum Schluss eine großzügige Schicht Tomatensauce und weitere Ziegenkäsescheiben daraufgeben. 25 Minuten im Ofen backen.
11. Einige kleine Basilikumblättchen darüberstreuen und mit der restlichen Sauce und geriebenem Parmesan, einem grünen Salat und knusprigem Brot servieren.

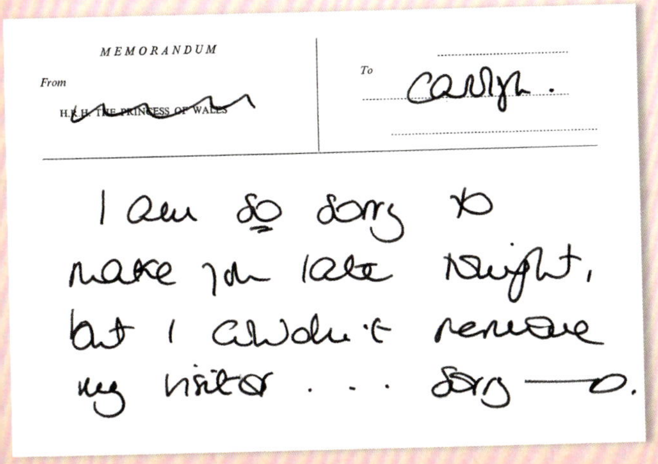
MEMORANDUM
From H.R.H. THE PRINCESS OF WALES
To Carolyn.

I am so sorry to make you late tonight, but I couldn't remove my visitor . . . sorry — D.

Eine kleine Nachricht von IKH Prinzessin Diana … Ihre Königlichen Hoheiten waren immer sehr aufmerksam und rücksichtsvoll, obgleich sie selbst lange Arbeitstage und anstrengende Terminpläne zu bewältigen hatten. Mir machte es nie etwas aus, spätabends zu arbeiten.

BUCHWEIZEN-PFANNKUCHEN

mit Spinat, Lauch, Bacon und Gruyère

ZUTATEN
FÜR DEN PFANNKUCHENTEIG

75 g Weizenmehl
75 g Buchweizenmehl
1 gute Prise Salz
2 Eier (Größe M)
250 ml Milch
Öl zum Braten und zum Fetten der Form

FÜR DIE FÜLLUNG UND DEN BELAG

125 g durchwachsener Bacon
4 Lauchstangen
250 g Spinat
30 g Butter
Salz
frisch gemahlener schwarzer Pfeffer
frisch geriebene Muskatnuss
200 g Sahne
125 g höhlengereifter Gruyère

ZUBEREITUNG

* Ergibt 2 üppige Portionen
* Man braucht 1 Pfanne mit Antihaftbeschichtung von etwa 20 cm Durchmesser und 1 ofenfeste quadratische Form mit etwa 22 cm Seitenlänge

1. Für den Pfannkuchenteig die beiden Mehlsorten mit dem Salz in eine mittelgroße Schüssel sieben und in die Mitte eine Mulde drücken. Mit einem Schneebesen nach und nach die Eier und 8 EL Wasser unterschlagen und alles zu einem glatten Teig verarbeiten.
2. Anschließend mit dem Schneebesen die Milch unterrühren, die Schüssel zudecken und mindestens 2 Stunden kühl stellen, damit das Mehl quellen kann und die Pfannkuchen dadurch eine weiche und lockere Konsistenz erhalten. Sie können den Teig auch über Nacht im Kühlschrank stehen lassen.
3. Für die Füllung den Bacon würfeln, den Lauch und den Spinat waschen, putzen und gut abtropfen lassen. Den Lauch in dicke Ringe schneiden.
4. Den Bacon in einer Pfanne ohne Fett knusprig braten, aus der Pfanne nehmen, anschließend darin den Lauch in der Butter weich braten. Den Spinat in einem Topf bei mittlerer Hitze zusammenfallen lassen.
5. Den Spinat mit dem Bacon und dem Lauch mischen, mit Salz, Pfeffer und Muskat würzen und beiseitestellen.
6. Die Sahne kräftig aufkochen, Muskatnuss zugeben und mit Salz und Pfeffer abschmecken. Den Backofen auf 200 °C vorheizen.
7. Für die Pfannkuchen eine Pfanne mit Antihaftbeschichtung bei mittlerer Hitze erwärmen. 1 TL Öl hineingeben und in der ganzen Pfanne durch Schwenken verteilen, überschüssiges Öl mit Küchenpapier aufsaugen. Nur so viel Teig in die heiße Pfanne geben, dass durch Schwenken der Pfanne der Boden bedeckt ist, 30–40 Sekunden backen, mit einem Pfannenwender wenden und auf der anderen Seite ebenfalls 30–40 Sekunden backen. So oft wiederholen, bis der Teig aufgebraucht ist. Er sollte 10–12 Pfannkuchen ergeben.
8. Die Füllung auf 4 Pfannkuchen verteilen und diese in eine gefettete ofenfeste Form legen.
9. Die warme Sahne über den Pfannkuchen verteilen, den Gruyère reiben und die Pfannkuchen damit bestreuen.
10. Die Form auf ein Backblech stellen und 20–25 Minuten goldgelb backen.

HINWEIS

Für eine vegetarische Variante den Bacon durch Pilze oder Mini-Strauchtomaten ersetzen.

Ich nehme für Pfannkuchen gerne Buchweizenmehl, denn es steuert ein köstlich nussiges Aroma bei. Dieses einfache Rezept kann man schon soweit vorbereiten, dass die Pfannkuchen zuletzt nur noch gebacken werden müssen. Auf die Kombination von Spinat, Lauch und Bacon mit Käse und Sahne komme ich immer wieder gerne zurück. Probieren Sie diese Mischung nicht nur mit den Pfannkuchen, sondern auch mit einer Quiche, mit Nudeln oder alleine mit einem pochierten Ei aus, sie wird sicher immer das königliche Gütesiegel erhalten!

KARTOFFEL-SALBEI-TORTE

mit Lamm-Aprikosen-Ragout

Schicht für Schicht dünne Kartoffelscheiben und dazwischen zart schmelzende buttrige Zwiebeln, Salbeiblätter und Cheddar, mit knusprig überbackenen goldgelben Kartoffelscheiben bedeckt und dazu bei schwacher Hitze gekochte, sehr geschmacksintensive Fleischsauce mit den zarten Aromen von Aprikose und Thymian. Das Dilemma bei diesem Gericht ist, ob man nun die Kartoffeltorte oder das Ragout in den Mittelpunkt stellt. Bei mir gewinnt immer die Torte. Ich serviere ein großzügiges Stück davon mit dem Ragout als Beilage. Mit einem grünen Salat verbindet sich die Torte alleine auch gut zu einem leichten Sommer-Mittagessen. Das Ragout wird bei sehr schwacher Hitze 3 Stunden gekocht, so erhält es eine samtige, reichhaltige Konsistenz – und eignet sich damit auch perfekt für einen Shepherd's Pie (mit Kartoffelbrei überbackenes Lammhackfleisch). Sie können es mit hausgemachten Kräutergnocchi servieren oder mit Nudeln.

ZUTATEN FÜR DIE KARTOFFEL-SALBEI-TORTE

2 mittelgroße Zwiebeln, in feine Ringe geschnitten
750 g eher mehlig kochende Kartoffeln, in dünne Scheiben geschnitten
110 g Butter
Salz
frisch gemahlener schwarzer Pfeffer
50 g alter Cheddar (ersatzweise Gruyère)
50 g Parmesan
1 Handvoll Salbeiblättchen

FÜR DAS LAMM-APRIKOSEN-RAGOUT

Olivenöl zum Braten
400 g Lammhackfleisch (höchstens 20 % Fett)
1 große Zwiebel
1 Karotte
1 Lauchstange
2 Selleriestangen
100 g weiche getrocknete Aprikosen
einige Thymianzweige
1 Dose stückige Eiertomaten (400 g)
Salz
frisch gemahlener schwarzer Pfeffer
frische Kräuter zum Garnieren

ZUBEREITUNG

* Ergibt 6 Portionen
* Man braucht 1 Backblech, 1 große, tiefe, beschichtete Springform (15–18 cm)

1. Für die Kartoffeltorte den Backofen auf 200 °C vorheizen.
2. Die Zwiebeln in einer kleinen Pfanne mit schwerem Boden in 50 g Butter anbraten. Langsam goldgelb und sehr weich braten. Mit Salz und Pfeffer würzen.
3. Die Springform mit einem Teil der restlichen Butter gründlich einfetten. Den Boden und die Seiten der Form mit einer Schicht dicht überlappender Kartoffelscheiben auslegen.
4. Etwa ein Fünftel der Zwiebelringe auf den Kartoffeln verteilen, den Käse reiben und die Kartoffelschicht mit etwa einem Fünftel davon und mit einigen ganzen Salbeiblättern bestreuen, mit einigen Butterflöckchen belegen und mit Salz und Pfeffer würzen.
5. Weitere 4–5 dieser Lagen einschichten, dabei mit einer Kartoffelschicht abschließen und wieder mit Butterflöckchen belegen.
6. Die Form auf ein Backblech stellen und mit Alufolie oder Backpapier abdecken. Zugedeckt 1 Stunde 20 Minuten backen, anschließend unbedeckt weitere 20–30 Minuten backen, damit die Oberseite knusprig wird. In der Form etwas abkühlen lassen, dann erst herausnehmen.
7. Für das Lammragout einen Schuss Olivenöl in einem Topf mit schwerem Boden erhitzen, das Lammhackfleisch zugeben und unter Rühren bräunen lassen. In einem feinen Sieb überschüssiges Fett abtropfen lassen.
8. Die Zwiebel schälen, Karotte, Lauch und Sellerie putzen, waschen und alles Gemüse fein würfeln. Zusammen bei starker Hitze einige Minuten in Olivenöl anbraten. Die Aprikosen fein würfeln.
9. Das Fleisch wieder in den Topf geben. Thymian, Dosentomaten, getrocknete Aprikosen und 250 ml Wasser zugeben. Gut mischen.
10. Das Fleisch zum Köcheln bringen und dann sofort die Hitze so reduzieren, dass sich die Oberfläche der Fleischsauce kaum bewegt. Zugedeckt 2 ½ Stunden bei dieser Temperatur garen lassen. Falls das Ragout am Ende der angegebenen Kochzeit noch viel Flüssigkeit enthält, weitere 30 Minuten ohne Deckel köcheln lassen.
11. Zum Servieren die Kartoffeltorte in Kuchenstücke schneiden und auf einem Ragoutbett anrichten. Mit frischen Kräutern garnieren.

KEDGEREE

mit geräuchertem Schellfisch, Lauch, Rahmspinat und Wachteleiern

Kedgeree isst man traditionell zum Frühstück, in dieser Version wird daraus jedoch ein verlockendes Winter-Abendessen, das man vor einem knisternden Kaminfeuer genießen kann. Ich habe Kedgeree oft auch mit frischem Lachs zubereitet, denn so lassen sich kalte Reste vom gedünsteten Lachs gut verwerten. Der heißgeräucherte Stremellachs eignet sich ebenfalls für dieses Rezept.

ZUTATEN

300 g geräucherter Schellfisch
1 mittelgroße Zwiebel
2 Lauchstangen
5 EL Butter
1 TL Curry
175 g Basmatireis
1 gute Prise Safran
150 g Babyspinat
1 EL Olivenöl plus etwas für die Formen
2 hartgekochte Eier
1 EL fein gehackte Petersilie
100 g Sahne
4 weich gekochte Wachteleier
frisch gemahlener schwarzer Pfeffer

ZUBEREITUNG

* Ergibt 4 Portionen
* Man braucht 4 Portionsformen zum Stürzen

1. Die Schellfischfilets in einen Topf legen, mit kaltem Wasser bedecken, leicht zum Köcheln bringen, dann die Hitze reduzieren. Zugedeckt 6–8 Minuten bei schwacher Hitze köcheln lassen, bis der Fisch gar ist. Abkühlen lassen.
2. Die Zwiebel schälen und fein hacken, den Lauch waschen, putzen und die weißen und grünen Teile getrennt hacken.
3. In einem anderen Topf 2 EL Butter zerlassen und darin die Zwiebel und die weißen Teile des Lauchs mit Curry einige Minuten anbraten. Reis und Safran zugeben und kräftig umrühren, 2 Minuten weiter anbraten, dann Wasser nach Packungsanweisung zugeben und den Reis weich kochen.
4. Währenddessen die grünen Lauchteile in 1 EL Butter weich dünsten. Beiseitestellen.
5. Den Spinat waschen, putzen und in dem Olivenöl kurz zusammenfallen lassen. Alle Flüssigkeit ausdrücken und den Spinat mit der Hälfte der Sahne mischen.
6. Den Schellfisch enthäuten, entgräten und mit der Gabel zerpflücken. Die Eier fein hacken und mit dem Fisch und der gehackten Petersilie unter den Reis mischen. Die restliche Sahne mit der restlichen Butter erwärmen und unter diesen Kedgeree rühren.
7. Der Kedgeree soll schön heiß werden. Die Mischung nun auf 4 gefettete Formen passender Größe verteilen. Die grünen Lauchteile und den Spinat aufwärmen. Den Spinat auf 4 vorgewärmte Teller verteilen. Den Kedgeree auf den Spinat stürzen. Jede Portion mit zerkleinertem Lauch und einem warmen gepellten Wachtelei garnieren und mit Pfeffer bestreuen. Sofort servieren.

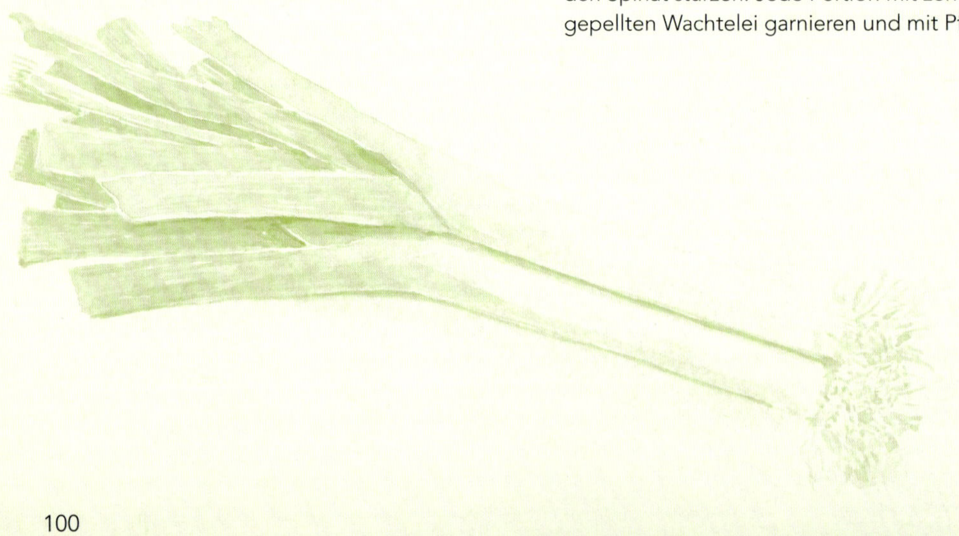

Fasan wird für mich immer mit Sandringham House in Norfolk verbunden bleiben. Wir besuchten dieses wunderschöne Landhaus von Ihrer Majestät der Königin zweimal im Jahr, im April und im November. Am ersten Abend meines allerersten Aufenthalts dort wurde ich in die Kunst des Fasanrupfens eingeführt – und das war alles andere als lustig! Es war ein sehr kalter Novemberabend, an dem ich mit Anorak und Schal über der weißen Kochkleidung einige Stunden draußen vor der Küchentür damit verbringen musste, inmitten herumfliegender Federn zahllose dieser armen Vögel zu rupfen. In der Küche wäre das unmöglich gewesen, denn es war gerade die Zeit, in der das Abendessen serviert wurde und es durften ja auf keinen Fall winzige Federn im Essen landen, das für den königlichen Speisesaal bestimmt war. Ich machte unermüdlich weiter, solange ich noch etwas Gefühl in meinen Fingern hatte. Nicht immer war es beneidenswert, eine „Königliche Köchin" zu sein!

ZUTATEN

4 Fasanenbrüste mit Haut und Flügel (Supremes)

Salz

frisch gemahlener schwarzer Pfeffer

Blättchen von einigen Thymianzweigen

12 sehr dünn geschnittene Pancettascheiben

½ Wirsing

85 g Butter

225 g frische gemischte Wildpilze (ich verwende Steinpilze und Pfifferlinge)

150 ml Geflügelfond

100 g Sahne

225 ml Milch

2 EL fein gehackte frische Kräuter (ich verwende Thymian, Schnittlauch und Petersilie) und einige zum Garnieren

4 EL Instant-Polenta

2 EL geriebener Parmesan

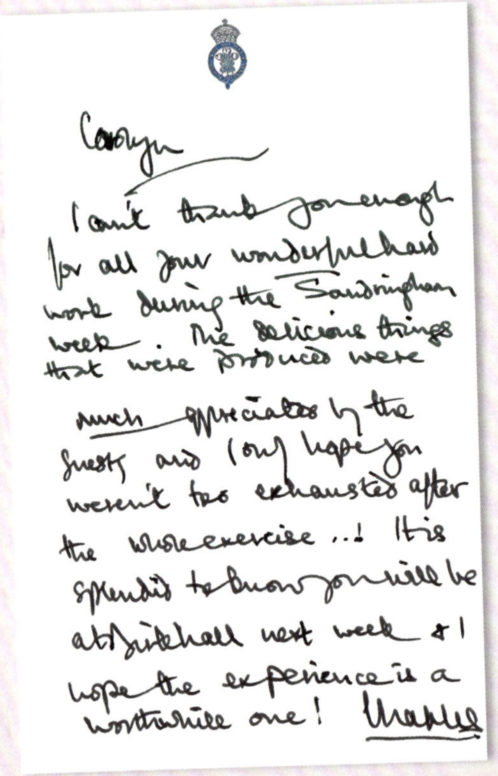
Carolyn

I can't thank you enough for all your wonderful hard work during the Sandringham week. The delicious things that were produced were much appreciated by the guests and I only hope you weren't too exhausted after the whole exercise..! It is splendid to know you will be at Birkhall next week & I hope the experience is a worthwhile one! Charles

ZUBEREITUNG

* Ergibt 4 Portionen
* Man braucht 1 Backblech

1. Die Fasanenbrüste enthäuten und die Fettränder vom Fleisch schneiden. Sparsam salzen, pfeffern und mit Thymianblättchen bestreuen. Jede Fasanenbrust in 3 Scheiben Pancetta wickeln, dabei darauf achten, dass die „Nähte" unten liegen, damit sich der Pancetta beim Braten nicht löst. 20 Minuten kühl stellen.

2. Inzwischen den Wirsing waschen, sehr klein schneiden, in kochendem Salzwasser blanchieren und gut abtropfen lassen. 30 g Butter in dem Topf zerlassen, in dem der Wirsing gekocht wurde, den Wirsing wieder mit in den Topf geben und zugedeckt bei schwacher Hitze 10–15 Minuten köcheln lassen, bis er weich ist. Mit Salz und Pfeffer würzen. Beiseitestellen.

3. Den Backofen auf 180 °C vorheizen. Die Fasanenstücke in wenig Butter in einer beschichteten Pfanne bei starker Hitze anbraten, sodass der Pancetta bräunt. Auf ein Backblech legen und je nach Größe der Fleischstücke weitere 10–15 Minuten im Backofen backen. Vor dem Aufschneiden 5 Minuten ruhen lassen.

4. Während die Fasanenbrust brät, die Pilze putzen und in Scheiben schneiden. Etwas Butter in der Pfanne zerlassen, in der der Fasan gebraten wurde, die Pilze zugeben und anbraten. Geflügelfond und Sahne zugießen und bei starker Hitze kochen, um die Sauce zu reduzieren, abschmecken und zuletzt weitere Kräuter zugeben.

5. Für die Polenta die Milch aufkochen und die Polenta unter kräftigem Rühren einrieseln lassen. 5 Minuten bzw. nach Packungsanweisung kochen lassen. Wenn die Polenta fertig gekocht und nicht mehr grobkörnig ist, den Parmesan mit einem Stückchen Butter unterrühren, mit Pfeffer würzen und zuletzt mit fein gehackten Kräutern bestreuen.

6. 2 EL in kochendes Wasser tauchen und damit die Polenta zu Klößchen formen. Pro Portion mindestens 2 Klößchen vorsehen. Vor dem Formen jedes neuen Klößchens die Löffel wieder in kochendes Wasser tauchen, dann kann die Polenta nicht kleben bleiben und die Klößchen sehen schön glatt aus.

7. Entweder auf vorgewärmten einzelnen Tellern oder auf einer Servierplatte anrichten. Jede Fasanenbrust in 4–5 Scheiben schneiden. Die Fleischscheiben auf ein Wirsingbett legen, die Polentaklößchen darum herum verteilen und alles mit der Pilzsauce überziehen.

Am Ende eines arbeitsreichen Tages war es immer wundervoll, ein paar nette Worte von SKH zu erhalten: „Carolyn, ich kann Ihnen gar nicht genug danken für Ihre wunderbare Arbeit während der Woche in Sandringham. Die Köstlichkeiten wurden von den Gästen sehr geschätzt und ich hoffe nur, Sie waren anschließend nicht zu erschöpft ...!"

FASANENBRUST

in gebratener Pancetta-Hülle mit Polenta, Wirsing und Pilzsauce

LANGSAM GESCHMORTES RINDFLEISCH

in Rotwein mit Puy-Linsen, serviert mit Selleriepüree

Dieses Kapitel wäre nicht vollständig ohne ein Rezept für einen Rindfleischeintopf, das kräftigste und herzhafteste aller Wintergerichte. Die Geheimnisse seines Erfolgs: Das gewürfelte Rindfleisch anfangs sehr gut bräunen, einen angemessen guten Rotwein verwenden und schließlich alles in Ruhe köcheln lassen. Ich verwende hierfür die Unterschale vom Rind, in grobe Würfel von jeweils etwa 50 g geschnitten, denn so wird es beim Kochen wunderbar zart, anders als einige andere Stücke, die beim Kochen gerne zerfallen. Ich habe einen großen alten „Le Creuset"-Bräter, den ich für dieses Gericht verwende. Er ist bestens geeignet, weil man ihn direkt von der Herdplatte in den Backofen stellen kann und, da er sehr schwer ist, alles gart, ohne anzubrennen. Ich empfehle wärmstens, in einen zuverlässigen Schmortopf zu investieren. Versuchen Sie, dieses Gericht 24 Stunden im Voraus zuzubereiten, denn es profitiert entschieden davon, wenn es Zeit bekommt, seine Aromen zu entfalten.

ZUTATEN

1 kg Rindfleisch
3 EL Mehl
Salz
frisch gemahlener schwarzer Pfeffer
2 EL Öl
30 g Butter
2 mittelgroße rote Zwiebeln
3 mittelgroße Karotten
4 Selleriestangen
750 ml Rotwein, vorzugsweise Burgunder
85 g Puy-Linsen
½ TL frisch geriebene Muskatnuss
1 EL Muscovadozucker
einige Rosmarinnadeln
einige Thymianblättchen
400 g Schalotten (ca. 20 Stück)

FÜR DAS SELLERIEPÜREE

500 g Knollensellerie
30 g Butter
1 Thymianzweig
1 Rosmarinzweig
Salz
frisch gemahlener schwarzer Pfeffer
frisch geriebene Muskatnuss

ZUBEREITUNG

* Ergibt 6 Portionen
* Man braucht 1 Bräter

1. Den Backofen auf 150 °C vorheizen.
2. Das Rindfleisch in grobe Würfel à 50 g schneiden. Das Mehl einer großen Schüssel mit Salz und Pfeffer würzen, das Fleisch hineingeben und darin schwenken.
3. Öl und Butter zusammen in einem großen Bräter erhitzen. Das Fleisch in mehreren Portionen scharf anbraten, sodass es rundum gebräunt ist, anschließend in eine Schüssel umfüllen.
4. Die Zwiebeln schälen und grob hacken, die Karotten und den Sellerie waschen, putzen und würfeln. Alles in demselben Topf, in dem das Fleisch angebraten wurde, leicht bräunen lassen.
5. Das Rindfleisch wieder in den Bräter geben und Rotwein, 250 ml Wasser, Linsen, Muskatnuss, Zucker und Kräuter zugeben. Zum Köcheln bringen, dann die Oberfläche mit einem Stück Backpapier abdecken, den Deckel aufsetzen und den Bräter für 1 ½ Stunden in den Backofen stellen. Zwischendurch mehrmals prüfen.
6. Die Schalotten schälen, zugeben und weitere 1 ½ Stunden im Backofen garen.
7. Während der Bräter im Backofen ist, das Selleriepüree zubereiten. Dafür den Sellerie waschen, putzen und in 1 cm große Würfel schneiden. Die Butter in einem mittelgroßen Topf zerlassen, Sellerie, Kräuter, Salz, Pfeffer und Muskat zugeben.
8. Zugedeckt unter mehrmaligem Umrühren etwa 30 Minuten kochen, bis der Sellerie weich genug für Püree ist. Er sollte keine zusätzliche Flüssigkeit benötigen, aber dennoch darauf achten und nötigenfalls noch etwas nachgießen.
9. Etwas abkühlen lassen, dann mit einem Pürierstab oder Mixer pürieren.
10. Falls gegen Ende der Kochzeit die Sauce in dem Bräter wässrig aussieht, Fleisch und Gemüse mit einem Schaumlöffel herausnehmen und die Sauce zum Reduzieren und Eindicken aufkochen. Oder mit einer Mischung aus einigen TL Mehl und etwas Butter bzw. aus Maismehl mit etwas Wasser andicken und anschließend erneut gründlich aufkochen.

WARMER TOPINAMBUR-SALAT

mit geräuchertem Bacon und Zitronen-Petersilien-Dressing

Vermutlich verliert eine Schüssel Blattsalat mitten im Winter selbst für den treuesten Salatesser an Reiz. Dies hier mag streng genommen kein „Salat" sein, aber es ist eine köstlich leichte und doch wärmende Mahlzeit. Die kräftigen Aromen von knusprigem geräucherten Bacon und Zitronen-Petersilien-Dressing werden von der Süße des Topinamburs gemäßigt. Der weitere große Vorteil dieses Gerichts ist, dass es in gerade einmal 30 Minuten auf dem Tisch stehen kann.

ZUTATEN

500 g Topinambur
1 EL Zitronensaft oder Essig
Salz
200 g geräucherte durchwachsene dünne Baconscheiben
30 g Butter

FÜR DAS DRESSING

2 TL grober Senf
1 TL Honig
abgeriebene Schale und 1 EL Saft von 1 Bio-Zitrone
1 EL sehr fein gehackte Petersilie
4 EL natives Olivenöl extra
Salz
frisch gemahlener schwarzer Pfeffer

ZUBEREITUNG

* Ergibt 2 Portionen
* Man braucht 1 antihaftbeschichtete Pfanne

1. Die Topinamburknollen schälen und in eine Schüssel mit kaltem Wasser legen, das mit Zitronensaft oder Essig gesäuert wurde. Dann in kochendem Salzwasser weich kochen.
2. Für das Dressing Senf, Honig, Zitronensaft, abgeriebene Zitronenschale sowie die gehackte Petersilie in einer großen Schüssel mischen. Nach und nach unter ständigem Schlagen mit dem Schneebesen das Öl eintröpfeln lassen. Das Dressing soll emulgieren und dicklich werden. Mit Salz und Pfeffer abschmecken.
3. Die Baconscheiben in 1 cm große Stücke schneiden und in einer beschichteten Pfanne knusprig braten.
4. Den Topinambur mit in die Pfanne geben und von allen Seiten anbräunen.
5. Topinambur und Bacon in dem Dressing schwenken und auf eine große Platte gehäuft sofort servieren. Ich reiche dazu gerne Sodabrot (s. Rezept S. 45) frisch aus dem Ofen.

WINTERLICHER BLUMENKRUG

außergewöhnlich und stilvoll

Viele Königliche Abendessen sind sehr offiziell, die Herren tragen schwarze Krawatte zum Abendanzug und die Damen zeigen eine bunte Palette eleganter Kleider.

MATERIAL

Garrya elliptica (Becherkätzchen)
Rote Rose „Freedom" – Rosa
Hypericum „Magical Triumph"
Efeu – Hedera
Stechpalme – Ilex
Glanzmispel „Red Robin" – Photinia

Eines der ersten offiziellen Abendessen, bei dem ich mitwirkte, wurde im Orchard Room in Highgrove gegeben. Ich war äußerst nervös, für SKH den Prince of Wales die Blumendekoration anzufertigen. Der Tisch war mit größter Präzision eingedeckt worden. Zwischen den einzelnen Besteckteilen bestand exakt der gleiche Abstand, alles wirkte völlig gleichförmig. Das Königliche Protokoll sieht vor, dass man erst Platz nimmt, wenn der Gastgeber Platz genommen hat. Man darf erst zu essen beginnen, wenn der Gastgeber zu essen begonnen hat und nicht mehr weiteressen, wenn dieser fertig ist.

Auch für die Blumendekoration gab es feste Regeln, ein wichtiges Element dabei war die Höhe. Die Gäste mussten in der Lage sein, über den Tisch zu blicken und andere Gäste zu sehen. Mit der Zeit wurden die Dinge jedoch gewagter, insbesondere bei privateren Abendessen. SKH genoss es, seine Gäste mit Unerwartetem zu überraschen. Er äußerte sich immer lobend über meine Bemühungen und schickte auch häufig eine kleine Dankesnotiz, in der er mir mitteilte, dass die Veranstaltung ein Erfolg gewesen war.

Weihnachtskarte der Königlichen Familie mit persönlichem Gruß.

SÜSSE VERSUCHUNGEN

Göttliche Desserts und nostalgische Nachspeisen

APFEL-ZIMT-CRUMBLE
MIT BROMBEERSAHNE

„QUEEN OF PUDDINGS"
MIT APRIKOSE

SCHOKO-ORANGEN-MOUSSE
MIT PISTAZIENWAFFELN

ETON MESS

ZITRONEN-LIMETTEN-POSSET
MIT SESAM-BRUCH, HEIDELBEEREN
UND KLEINEN VANILLE-SHORTBREADS

SCHNELLE KALTE ZITRONENTARTE
MIT ERDBEER-SALAT

TRIFLE „ROYAL"

EDELWICKEN-STRAUSS

KRUG MIT SOMMERBLUMEN

APFEL-ZIMT-CRUMBLE

mit Brombeersahne

Brombeer-Apfel-Crumble ist ein Klassiker. Bei diesem Rezept habe ich die Brombeeren nicht in dem Crumble verarbeitet, sondern habe sie mit etwas Vanille und Zucker gekocht und zu einem herrlich samtigen Püree verarbeitet, unter das zum Schluss etwas Schlagsahne gezogen wird. Das schmeckt so gut, dass man es auch ohne Crumble genießen kann!
Dies ist eines meiner Lieblingsdesserts. Sowohl bei einem einfachen Mittagessen als auch für offizielle Abendessen aufgepeppt und sogar – gut eingepackt, um es warm zu halten – zum Picknick durfte es schon glänzen.

ZUTATEN
FÜR DIE APFELFÜLLUNG

900 g Kochäpfel (z. B. Boskop)
40 g Butter
125 g heller Muscovado-Zucker
1 ½ TL Zimt

FÜR DEN STREUSELBELAG

30 g Pekannüsse
125 g Butter
60 g heller Muscovado-Zucker
1 TL reiner Vanilleextrakt (ersatzweise gemahlene Vanille)
125 g Mehl
45 g Haferflocken
30 g Kokosraspel
½ TL Zimt

FÜR DIE BROMBEERSAHNE

150 g Brombeeren (frisch oder TK)
30 g Zucker
1 TL Vanilleextrakt (ersatzweise gemahlene Vanille)
150 g Sahne

ZUBEREITUNG

* Ergibt 4 Portionen
* Man braucht 4 ofenfeste Portionsformen oder 1 ofenfeste 900-ml-Form

1. Den Backofen auf 190 °C vorheizen.
2. Für die Apfelfüllung die Äpfel schälen, Kerngehäuse entfernen und das Fruchtfleisch in Würfel schneiden. In einem Topf oder einer beschichteten Pfanne mit schwerem Boden die Butter mit Zucker und Zimt zerlassen. Die Apfelwürfel zugeben und bei recht starker Hitze etwa 5 Minuten karamellisieren lassen.
3. Die Apfelmischung in die Form(en) geben.
4. Für den Streuselbelag die Nüsse hacken, mit allen anderen Zutaten in die Küchenmaschine geben und zu groben Bröseln verarbeiten. Wer die Streusel per Hand zubereitet, gibt Butter, Zucker und Vanille in eine große Rührschüssel, rührt die Masse schaumig und mischt anschließend die restlichen Zutaten so unter, dass große Streusel entstehen.
5. Die Streuselmischung auf den Äpfeln verteilen.
6. Die Form(en) auf ein Backblech stellen und je nach Größe 20–30 Minuten backen. Der Belag soll goldbraun und knusprig werden.
7. Während der Crumble im Ofen ist, die Brombeersahne zubereiten. Dafür die Brombeeren mit Zucker, 2 EL Wasser und Vanilleextrakt zugedeckt in einem kleinen Topf etwa 10 Minuten kochen, bis sie weich sind. Mit einem Stabmixer pürieren und anschließend durch ein feines Sieb streichen, um die Kerne zu entfernen.
8. Das Püree völlig erkalten lassen, die Sahne leicht schlagen, das Püree vorsichtig unterheben und zu dem Crumble reichen. Alternativ können Sie das Brombeerpüree auch mit griechischem Joghurt servieren.

„QUEEN OF PUDDINGS"

mit Aprikose

Ihrem Namen zum Trotz scheint es historisch betrachtet keinerlei Verbindung zwischen dieser köstlichen Nachspeise und der Königsfamilie zu geben. Ich mochte die „Queen of Puddings" immer gerne, besonders an einem kalten Winterabend. Traditionell wird sie mit Weißbrot und Erdbeermarmelade zubereitet, aber ich verwende Brioche und meine hausgemachte Aprikosenmarmelade, was immer sehr gut ankommt. Sie können das Dessert auch in kleinen Einzelportionen zubereiten.

ZUTATEN

1 EL Butter plus etwas für die Form
570 ml Milch
115 g Brioche-Krumen
2 EL heller Muscovado-Zucker
sehr fein abgeriebene Schale von 1 Bio-Orange
1 TL Vanilleextrakt (ersatzweise gemahlene Vanille)
2 Eier (Größe M)
4 EL Konfitüre aus getrockneten Aprikosen und Vanille (s. Rezept S. 199)
50 g Zucker
30 g Mandelblättchen (nach Belieben)

ZUBEREITUNG

* Ergibt 4–6 Portionen
* Man braucht 1 ofenfeste 900-ml-Form, 1 Fettpfanne und 1 flaches Backblech

1. Den Backofen auf 180 °C vorheizen. Die Form mit etwas Butter fetten.
2. Die Milch aufkochen, von der Platte nehmen und Brioche-Krumen, Butter, Muscovado-Zucker, abgeriebene Orangenschale und Vanilleextrakt unterrühren. Etwa 30 Minuten stehen lassen, damit die Brioche-Krumen quellen können.
3. Die Eier trennen, die Eigelbe unterrühren und die Mischung in die Form gießen. Die Form auf eine Fettpfanne stellen, die zur Hälfte mit Wasser gefüllt ist. Auf der mittleren Einschubleiste 35–40 Minuten backen, bis die Masse gestockt ist.
4. Anschließend mit der Konfitüre bestreichen. (Wenn die Konfitüre sehr fest ist, kann man sie durch leichtes Erwärmen etwas geschmeidiger machen.)
5. Die Eiweiße steif schlagen, dann 45 g Zucker unterschlagen, bis eine dicke, glänzende Baisermasse entstanden ist. Das Baiser auf die Konfitüre spritzen oder streichen.
6. Den restlichen Zucker und die Mandelblättchen (falls verwendet), über das Dessert streuen.
7. Die Form auf ein flaches Backblech stellen und weitere 15–20 Minuten backen, bis das Baiser goldbraun und knusprig ist. Sofort servieren!

HINWEIS

Bei der Verwendung von Mandelblättchen gut aufpassen, da diese leicht anbrennen!

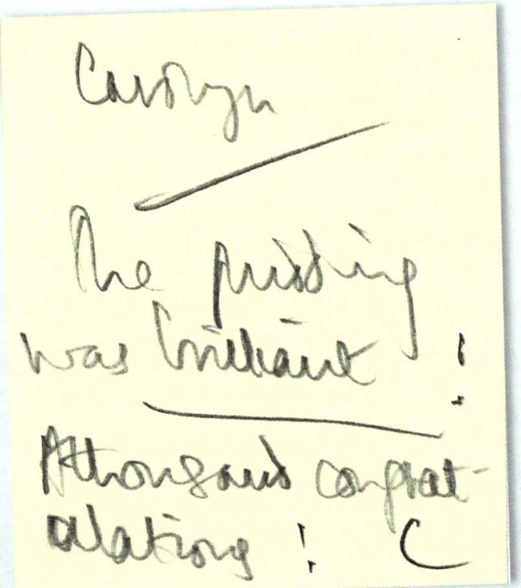
Carolyn
The pudding was brilliant!
A thousand congratulations! C

Eine sehr freundliche kleine Dankesnotiz von SKH.

SCHOKO-ORANGEN-MOUSSE

mit Pistazienwaffeln

Wie jedes gute Kochbuch muss auch dieses ein erprobtes und bewährtes Rezept für Schokoladenmousse enthalten – hier ist es. Das Rezept gehört zu den allerersten, die ich in der Kochschule zubereitet habe und ich komme immer wieder darauf zurück, weil die Konsistenz schön leicht und die Mousse nicht zu üppig ist. Sie können weiße, Vollmilch- oder dunkle Schokolade dafür verwenden, bei weißer oder Vollmilchschokolade aber die Zuckermenge reduzieren. Ich erinnere mich, wie ich in der Kochschule in mühseliger Arbeit geschmolzene Schokolade auf Rosenblätter gestrichen und die fest gewordene Schokolade von den Blätter abgezogen habe, um damit die Mousse zu dekorieren. Aber die Mühe hatte sich entschieden gelohnt. Ich finde, es sind solche kleinen Details, die auch ein einfaches Gericht in etwas Besonderes verwandeln können – wie in diesem Fall die Schokoröllchen, mit denen ich die Mousse dekoriert habe.

ZUTATEN
FÜR DIE PISTAZIENWAFFELN

(ergibt 20 Waffeln mit 5 cm Durchmesser)

1 Eiweiß

35 g Zucker

30 g Mehl

30 g zerlassene Butter

45 g Pistazien

½ TL reiner Vanilleextrakt (ersatzweise gemahlene Vanille)

FÜR DIE MOUSSE

3 Blatt Gelatine (wenn Sie die Mousse schon am Vortag zubereiten, genügen 2 Blatt; bei Verwendung von Gelatinepulver entspricht ein Tütchen mit 9 g 6 Blatt)

300 ml Milch

115 g hochwertige dunkle Schokolade (Valrhona ist die beste!)

2 Eier (Größe M)

30 g Zucker

sehr fein abgeriebene Schale von 1 Bio-Orange (nach Belieben zur Mousse geben)

3 EL Cointreau (nach Belieben zur Mousse geben)

150 g Sahne

FÜR DIE DEKORATION

100 g Sahne

12 weiße Schokoröllchen oder Schokoflakes

etwas abgeriebene Schale von 1 Bio-Orange

etwas Kakaopulver zum Bestäuben

ZUBEREITUNG

* Ergibt 4 reichliche oder 6 kleine Portionen
* Man braucht 4 Henkelbecher, 6 kleine Tassen oder 1 große Glasschüssel

1. Für die Pistazienwaffeln den Backofen auf 190 °C vorheizen.
2. Das Eiweiß steif schlagen, Zucker zugeben und weiterschlagen, bis die Masse dick und glänzend ist.
3. Das Mehl auf das Eiweiß sieben. 30 g der Pistazien hacken und zusammen mit der Butter und der Vanille unterheben. Die Mischung in sehr dünnen Kreisen beliebiger Größe auf Backpapier streichen. Mit den restlichen Pistazien bestreuen.
4. 3–5 Minuten backen. Sie sollen nur ganz leicht Farbe annehmen.
5. Die Mousse zubereiten. Dafür die Blattgelatine in kaltem Wasser einweichen. Die Milch zusammen mit der zerkleinerten Schokolade in einem kleinen Topf mit schwerem Boden erhitzen, gut rühren.
6. Die Eier trennen, die Eigelbe mit dem Zucker schaumig schlagen und die warme Schokoladenmilch unterrühren. Die Mischung wieder in den Topf geben und vorsichtig erwärmen, damit sie dicklich wird, aber nicht gerinnt.
7. Sobald die Masse so dick ist, dass sie auf dem Rücken eines Metalllöffels einen Überzug bildet, von der Platte nehmen. Die Gelatine ausdrücken und unter kräftigem Rühren untermischen.
8. Die Mischung in eine große Schüssel gießen und in kaltem Wasser abkühlen lassen. Sobald die Masse kalt ist, in den Kühlschrank stellen, damit sie etwas fester werden kann. Sollte sie bereits zu fest geworden sein, die Schüssel in warmes Wasser stellen.
9. Die Sahne leicht schlagen und unter die Mousse heben.
10. Die Eiweiße steif schlagen, anschließend in 3 Portionen unter die Mousse ziehen. Vorsichtig untermischen, damit die Mousse leicht und locker bleibt! In Servierschüsseln füllen und mindestens 1 Stunde kalt stellen.
11. Jede Schüssel mit einer Rosette geschlagener Sahne, 2 Schokoröllchen und etwas fein abgeriebener Orangenschale verzieren, zuletzt mit etwas Kakaopulver bestäuben. Mit den Pistazienwaffeln servieren.

Mein Diplom von der Kochschule Tante Marie School of Cookery.

An dieser Nachspeise liebe ich einfach alles: den Namen, die Kombination der Zutaten, die unendlich vielen Anrichtemöglichkeiten und ganz besonders die vielen Legenden über ihre Entstehung. Meine persönliche Lieblingsgeschichte ist zugleich die unwahrscheinlichste. In dieser Version verwandelte ein überdrehter Golden Labrador während eines Picknicks des Eton College eine perfekte Erdbeer-Pavlova zu dem berühmten „Eton Mess" (was man mit „Eton-Durcheinander" übersetzen kann), indem er es sich darauf gemütlich machte. Wie auch immer, eines ist jedenfalls sicher: Die Nachspeise hat ihren Ursprung im Eton College, das auch von den beiden jungen Prinzen William und Harry besucht wurde.

ZUTATEN FÜR DAS BAISER

3 Eiweiß (Zimmertemperatur)

85 g feiner Zucker

85 g feiner Rohrzucker

wenige Tropfen reiner Vanilleextrakt (ersatzweise gemahlene Vanille)

FÜR DIE FÜLLUNG

225 g gemischte Beeren (ich verwende Erdbeeren, Heidelbeeren und Himbeeren, man kann aber auch rote oder schwarze Johannisbeeren oder Brombeeren nehmen)

225 g Crème double

1 Handvoll frische Minzeblättchen plus einige zum Garnieren

110 g Mascarpone

2 EL feiner Zucker

115 g Himbeeren

2 EL Puderzucker

einige Tropfen Zitronensaft

Puderzucker zum Bestäuben

Prinz William trägt eine Union-Jack-Flag-Weste, das Privileg der Mitglieder eines Eliteclubs am Eton College.

ZUBEREITUNG

* Ergibt 4 Portionen
* Man braucht 2 Backbleche

1. Den Backofen auf 160 °C vorheizen. 2 Backbleche mit Backpapier auslegen.
2. Für das Baiser in einer trockenen und sauberen Schüssel die Eiweiße sehr steif schlagen. Der Eischnee soll glänzen und steife Spitzen bilden.
3. Den Zucker langsam einrieseln lassen, dabei immer weiterschlagen, anschließend weitere 5 Minuten schlagen, bis die Mischung sehr dick ist und „steht". Schließlich den Vanilleextrakt unterrühren.
4. Mit einem Spritzbeutel mit mittelgroßer Sterntülle das Baiser in dünnen Kreisen auf das Blech spritzen. Man braucht jeweils 4 Stück mit 10 cm, 8 cm, 6 cm, 4 cm und 2 cm Durchmesser.
5. 30–40 Minuten im vorgeheizten Backofen backen. Wenn die Baisers fertig sind, sind sie fest und kross und lassen sich problemlos vom Backpapier lösen, sie sollen aber keine Farbe annehmen.
6. Nach dem Backen den Herd ausschalten, die Baisers im Backofen lassen, damit sie noch weiter trocknen können, während der Backofen abkühlt. Die Baisers können bis zu 1 Woche im Voraus gebacken werden. In einer Dose luftdicht verschlossen aufbewahren.
7. Zum Zusammensetzen die Beeren waschen, putzen und abtropfen lassen.
8. Die Crème double steif schlagen und die Minze bis auf 4 Blättchen sehr fein hacken. Mischen, Mascarpone und Zucker unterrühren und die Masse in einen Spritzbeutel füllen.
9. Mit der größten Baiserscheibe beginnen, etwas Sahne aufspritzen und einige Beeren fein säuberlich darauf arrangieren. Die 8-cm-Scheibe darauflegen, Sahne aufspritzen und sorgfältig wieder einige Beeren auflegen. Diesen Vorgang noch dreimal mit den restlichen Baiserscheiben wiederholen, zum Schluss eine einzelne Himbeere daraufsetzen (wie auf dem Foto).
10. Diesen Vorgang mit den übrigen Zutaten wiederholen. Höchstens 1 Stunde vor dem Servieren zusammensetzen, da das Baiser sonst nicht mehr kross ist.
11. Für das Himbeerpüree die Himbeeren mit Minze und Zitronensaft pürieren, dann durch ein Sieb streichen, um die Kerne zu entfernen. Anschließend mit 4 Minzeblättchen nochmals pürieren.
12. Das „Eton Mess" direkt vor dem Servieren mit dem Himbeerpüree beträufeln, mit Minzeblättchen garnieren und mit Puderzucker bestäuben.
13. Am besten direkt auf dem Teller zusammensetzen, auf dem die Nachspeise auch serviert wird – das einmal zusammengesetzte Dessert auf einem anderen Teller zu platzieren, ist ein äußerst gewagtes Unterfangen!

ABWANDLUNGEN

Wenn Sie keine frischen Beeren bekommen, versuchen Sie es mit einem „Hawaiischen Mess" mit Ananas, Maracuja, Mango, Banane und Kiwi! Anstelle von Himbeerpüree bereiten Sie ein Mangopüree zu und bestreuen das Ganze mit gerösteten Kokosflocken – köstlich!
Das Dessert lässt sich auch einfacher anrichten. Hierzu kleine Baisers backen, die zerkrümelt und abwechselnd mit Sahne, Beeren und Himbeerpüree in ein hohes Glas geschichtet werden. Zum Schluss mit einem Minzezweig garnieren und mit Puderzucker bestäuben.

ETON MESS

mit Sommerfrüchten

ZITRONEN-LIMETTEN-POSSET

mit Sesam-Bruch, Heidelbeeren und kleinen Vanille-Shortbreads

Zitronen-Posset ist ein sehr traditionelles, altmodisches Dessert. Ich habe noch Limettensaft dazugegeben, denn ich liebe die angenehme Frische von Limetten. Das Dessert ist unglaublich schnell und einfach zuzubereiten. Serviert man es wie hier mit verschiedenen Beilagen, wird daraus ein besonderes „Dinnerparty-Dessert". Der Sesam-Bruch ist herrlich knusprig und bildet damit einen schönen Gegensatz zu dem cremigen Posset. Heidelbeeren und Shortbread verbinden sich sehr gut mit allen anderen Konsistenzen und Aromen.

ZUTATEN FÜR DAS POSSET

600 g Sahne
140 g Zucker
sehr fein abgeriebene Schale und 2 ½ EL Saft von 1 Bio-Zitrone
sehr fein abgeriebene Schale und 2 ½ EL Saft von 1 Bio-Limette
200 g frische Heidelbeeren

FÜR DEN SESAM-BRUCH

115 g Zucker
50 g Sesamsamen

FÜR DAS VANILLE-SHORTBREAD

125 g Butter (Zimmertemperatur)
30 g feiner Zucker
½ TL gemahlene Vanille
115 g Mehl
30 g Reismehl
1 Prise Salz

ZUBEREITUNG

* Ergibt 4–6 Portionen
* Man braucht 6 Förmchen oder kleine Tassen, z. B. Mokkatassen und 1 Backblech

1. Für das Posset die Sahne und den Zucker zusammen aufkochen und 2–3 Minuten köcheln lassen. Gut im Auge behalten, denn die Mischung kocht schnell über!
2. Von der Platte nehmen, Zitrusschalen und -saft sorgfältig unterrühren. Die Mischung in die gewählten Förmchen oder Tassen gießen. Abkühlen lassen, dann 2–3 Stunden in den Kühlschrank stellen.
3. Für den Sesam-Bruch den Zucker mit 4 EL Wasser in einem kleinen Topf mit schwerem Boden bei mittlerer Hitze erwärmen. Rühren, damit sich der Zucker auflöst, anschließend aufkochen, bis er eine leicht goldgelbe Farbe annimmt.
4. Die Sesamsamen zugeben und weiterkochen, bis die Farbe kräftig goldgelb ist. In einer dünnen Schicht auf das Backblech gießen, eventuell mit einem Palettenmesser verstreichen.
5. Etwa 15 Minuten abkühlen lassen, anschließend in kleine Stücke brechen. Falls Reste übrig bleiben, diese luftdicht verschlossen aufbewahren, damit sie nicht klebrig werden.
6. Für die Shortbreads Butter und Zucker schaumig rühren. Die Vanille in die Mischung geben und gut verrühren.
7. Das gesiebte Mehl und das Salz unterrühren. Den Teig in einen Spritzbeutel füllen und gerade Streifen auf das Backblech spritzen. 20 Minuten in die Tiefkühltruhe stellen, damit der Teig vor dem Backen fest wird.
8. 12–15 Minuten backen und danach vollständig auskühlen lassen.
9. Das Posset mit Heidelbeeren, Sesam-Karamell-Bruch und den kleinen Vanille-Shortbreads servieren. Wenn Sie keine Zeit oder Lust haben, das Shortbread zu backen, können Sie auch gekaufte Kekse zu dem Dessert reichen.

SCHNELLE KALTE ZITRONENTARTE

mit Erdbeer-Salat

ZUTATEN FÜR DEN BODEN

140 g Shortbread, vorzugsweise Duchy Originals

35 g Butter

FÜR DIE FÜLLUNG

150 g Sahne

1 Dose (397 g) gesüßte Kondensmilch

sehr fein abgeriebene Schale und 140 ml Saft von 3 Bio-Zitronen

FÜR DEN ERDBEER-SALAT

200 g Erdbeeren

100 g Himbeeren

Puderzucker

einige Tropfen Zitronensaft

4 große Minzezweige

ZUBEREITUNG

* Ergibt 1 Tarte mit einem Durchmesser von 15–17 cm
* Man braucht 1 Backring oder 1 Obstkuchenform aus Porzellan mit 15–17 cm Durchmesser

1. Für den Boden die Shortbreads zerbröseln und die Butter zerlassen. Beides miteinander mischen.

2. Die Mischung auf den Boden des Backrings oder der Form drücken und kalt stellen.

3. Für die Füllung die Sahne leicht schlagen und die Kondensmilch darunterheben. Zuletzt Zitronenschale und -saft untermischen.

4. Die Füllung auf den Boden streichen, die Tarte abdecken und mindestens 1 Stunde in den Kühlschrank stellen.

5. Für den Erdbeer-Salat die Erdbeeren waschen, von den Blütenansätzen befreien und die Früchte klein schneiden. Die Himbeeren putzen, mit Puderzucker und Zitronensaft zerdrücken und durch ein Sieb streichen. Die Erdbeeren unter das Himbeerpüree mischen, die Minzeblättchen von den Zweigen zupfen, damit vermischen und zusammen mit der Tarte servieren.

Speisekarte für ein besonderes Abendessen in Highgrove. Im oberen Teil der liebevoll gezeichneten Menükarte befindet sich das Wappen SKH des Prince of Wales.

Ein Rezept für eine gute Zitronentarte ist eine Bereicherung für jede Rezeptsammlung. Eine Zitronentarte ist der perfekte Abschluss einer Mahlzeit, speziell nach einem üppigen Hauptgericht erzeugt sie auf dem Gaumen eine angenehme Frische. Dieses Rezept lässt sich deutlich schneller zubereiten als die traditionell gebackene Zitronentarte mit Mürbteig. Mit nur fünf Zutaten könnte es gar nicht einfacher sein. Ich reiche dazu gerne einen sommerlichen Erdbeer-Salat, vor allem, weil die Farbkombination der gelben Tarte mit den roten Beeren ins Auge sticht – was jedes Dessert tun sollte!

TRIFLE „ROYAL"

mit Amaretti und Brombeersahne

Sehr viele Trifles habe ich im Lauf der Jahre nicht zubereitet, vielleicht weil es gerade die Zeit war, als das Tiramisu, Italiens Antwort auf das Trifle, bei jeder Gelegenheit dem englischen Trifle die Schau stahl. Jedoch habe ich einige Trifles gegessen, die mir in Erinnerung geblieben sind. Es könnte allerdings auch weniger das Trifle als eher der jeweilige Anlass gewesen sein ... Jedes Jahr im Dezember gab es im Buckingham Palace eine Tanzveranstaltung, den Weihnachtsball für das Personal. Sobald man zwei Jahre in Königlichen Diensten stand, war man berechtigt, alle zwei Jahre an diesem Ball teilzunehmen und jemanden mitzubringen. In der Regel nahm jeder ein Familienmitglied mit. Ihre Majestät die Königin, SKH der Duke of Edinburgh und viele andere Mitglieder der Königsfamilie nahmen ebenfalls an dem Ball teil. Nach dem Abendessen spazierten sie durch die fantastischen Staatsgemächer des Buckingham Palace und unterhielten sich mit dem Personal. Im Palast Trifle gegessen zu haben, war einer der Momente, in dem ich glaubte, zu träumen. Meine Mutter und ich waren tatsächlich dort, trugen unseren Sonntagsstaat und Mama wechselte sogar ein paar Worte mit Ihrer Majestät!

ZUTATEN

300 ml Erdbeer-Götterspeise (in der Regel ½ Päckchen)
300 g Sahne
etwas Zucker
etwa 20 knusprige Amaretti
125 g frische Heidelbeeren
125 g frische Himbeeren
4 EL Cassis
125 g Brombeeren
etwas reiner Vanilleextrakt (ersatzweise gemahlene Vanille)
125 g frische Erdbeeren
1 Handvoll Minzeblättchen
4 kleine Minzezweige und einige Beeren zur Dekoration

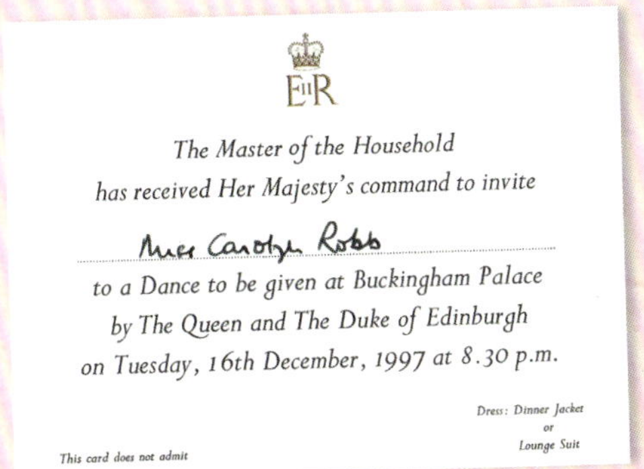
EIIR

The Master of the Household
has received Her Majesty's command to invite

Miss Carolyn Robb

to a Dance to be given at Buckingham Palace
by The Queen and The Duke of Edinburgh
on Tuesday, 16th December, 1997 at 8.30 p.m.

Dress: Dinner Jacket or Lounge Suit

This card does not admit

Meine Einladung zum Ball im Buckingham Palace.

ZUBEREITUNG

* Ergibt 4 Portionen
* Man braucht 4 Stiel- oder Trinkgläser (Tumbler)

1. Die Götterspeise nach Packungsanweisung zubereiten, in eine flache Schale füllen und im Kühlschrank fest werden lassen. Dann in kleine Würfel schneiden und die Hälfte davon auf die 4 Gläser verteilen.
2. Die Sahne leicht schlagen und mit etwas Zucker süßen. Ein wenig Sahne in einer Schicht auf die Götterspeise streichen. Die Amaretti zerbröseln und einen Teil davon darüberstreuen.
3. Die übrige Götterspeise auf den Amaretti verteilen.
4. Eine Schicht Heidelbeeren und Himbeeren darübergeben und mit Cassis beträufeln.
5. Die Brombeeren mit etwas Zucker, Wasser und Vanilleessenz weich kochen, dann pürieren und anschließend durch ein Sieb streichen.
6. Dieses Püree unter die Hälfte der übrigen Schlagsahne mischen und über die Beeren streichen. Mit den restlichen Amaretti bestreuen.
7. Die Erdbeeren von den Blütenansätzen befreien und die Früchte würfeln. Auf die Sahne geben.
8. Die Minze hacken und unter die restliche Schlagsahne mischen. Zuletzt eine Schicht der Minzsahne auf das Dessert streichen und mit einigen Beeren und je einem Minzezweig garnieren.
9. Kalt stellen. Das Dessert sollte 24 Stunden vor dem Servieren zubereitet werden.

ABWANDLUNGEN

Es besteht keine Veranlassung, dieses Rezept genau einzuhalten! Sie können die Reihenfolge der Schichten und auch die verwendeten Früchte nach Belieben abwandeln. Sehr exotisch wird es mit Mango, Kiwi, Passionsfrucht, Mangopüree und Orangen-Götterspeise. Es liegt ganz an Ihnen, je nach den Früchten der Saison, dem Anlass und Ihrer persönlichen Vorliebe ein möglichst köstliches Dessert daraus zu machen!

EDELWICKEN-STRAUSS

Erinnerung an Queen Mum

Die ersten Edelwicken, die im Garten von Highgrove erblühten, waren immer eine willkommene Freude. Der Duft, der sich zwischen den gewundenen Haselnusszweigen entwickelte, erinnerte mich stets an meine Kindheit, wenn wir kleine Sträuße davon in die Schule mitnahmen.

MATERIAL

Gemischte Edelwicken – Lathyrus
Weicher Frauenmantel – Alchamilla Mollis
Bast

SKH der Prince of Wales ließ sich Blüten pflücken und mit Bast zu einem Sträußchen binden, das er seiner Großmutter Ihrer Majestät der Königinmutter mitbrachte, die er zu ihren Lebzeiten regelmäßig besuchte. Seit sie 2002 verstorben ist, sorgt SKH immer dafür, dass die ersten Edelwicken, die in Highgrove blühen, an ihr Grab in Windsor Castle gebracht werden, zur Erinnerung an seine große Zuneigung zu ihr.

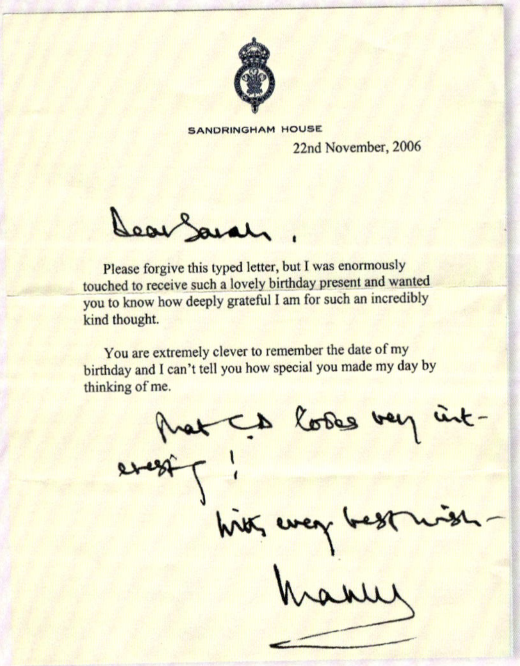

SANDRINGHAM HOUSE

22nd November, 2006

Dear Sarah,

Please forgive this typed letter, but I was enormously touched to receive such a lovely birthday present and wanted you to know how deeply grateful I am for such an incredibly kind thought.

You are extremely clever to remember the date of my birthday and I can't tell you how special you made my day by thinking of me.

That CD looks very interesting!

With every best wish –

Charles

Dank SKH Prinz Charles für die Geburtstagsglückwünsche, der zeigt, wie sehr sich der Prinz im Gegenzug auch über Zuwendung freute.

Queen Mum an ihrem 87. Geburtstag in London.
Sie war seit jeher eines der beliebtesten Mitglieder der Königsfamilie.

KRUG MIT SOMMERBLUMEN

üppig und vielfältig

Das ganze Jahr über ziert Woche für Woche eine große Vase voller Blumen den Salon in Highgrove. Ich liebte es, die Natur hereinzuholen und eine Gartenszene nachzubilden, sehr zur Freude der Familie SKH des Prince of Wales und ihrer Freunde.

MATERIAL

Pfingstrosen – Paeonia
Glyzinien – Wisteria
Birkenzweige – Betula
Iris – Iris
Hasenglöckchen – Hyacinthoides non-scripta
Klematis – Clematis

Ich liebte es schon immer, einen üppig blühenden Sommergarten mit seiner Fülle an Blumen und Wohlgerüchen zu betrachten und genoss die Tatsache, diese Vielfalt an Material pflücken zu können. Manchmal war es für SKH aufgrund seines engen Terminplans schwierig, bestimmte Blumen während ihrer Blütezeit zu sehen. Ich versuchte immer dafür zu sorgen, dass er möglichst wenig verpasste und sich bei seiner Rückkehr an einem besonders üppigen Blumenschmuck aus dem Garten erfreuen konnte. Seine Begeisterung für seinen Garten spiegelte sich in den Blumenarrangements in Highgrove wider. Sie können diese Idee aufgreifen, indem Sie unterschiedliches Material sammeln und pflücken, dieses in einem einfachen Krug hübsch anordnen und sich selbst mit Ihrem „Indoor"-Garten belohnen.

IKH Prinz Charles und Herzogin Camilla beim Besuch einer nationalen Gartenschau in Birmingham. Der Prinz als ausgewiesener Bio-Gärtner hat einen ausgeprägten botanischen Sachverstand und es war ein Vergnügen, als Floristin für ihn zu arbeiten.

KEKSE UND KLEINGEBÄCK

Eine besondere Auswahl von Leckereien zur Teestunde, inspiriert von meiner Kindheit und meinen Reisen

MANDELCREME-BISSEN MIT BLAUBEEREN

STREUSELDREIECKE MIT KAFFEE, KARAMELL UND PEKANNÜSSEN

KOKOS-KIRSCH-MAKRONEN

HAFERKEKSE MIT DATTELN

LEMON-CURD-TÖRTCHEN

MELTING MOMENTS

STRAUSSENEIER

MANDELCREME-BISSEN

mit Blaubeeren

Eines der Desserts, die ich am liebsten zubereite (und natürlich auch esse) ist eine Birnen-Mandel-Tarte: ein süßer Teigmantel, gefüllt mit gedünsteten Birnen in einer traditionellen britischen Mandelcreme, der „frangipane", die aus Butter, Zucker, Eiern und gemahlenen Mandeln mit einem Hauch Kirschwasser besteht. Im Lauf der Jahre habe ich diese Tarte in viele Menüs eingebaut und wollte sie nun auch in eine Leckerei zum Tee umwandeln. Nach langem Experimentieren ist ein Mandelcreme-Bissen ohne Teigmantel übriggeblieben, durchsetzt mit saftigen Blaubeeren. Direkt aus dem Ofen sind sie außen knusprig und innen köstlich buttrig, die saftigen Blaubeeren explodieren förmlich beim Hineinbeißen. Ich bezweifle, dass es jemand schafft, nur einen einzigen davon zu essen! Die Leckerei kann auch am Ende eines besonderen Dinners als kleines Gebäck serviert werden und ist eine willkommene Abwechslung zu Schokoladentrüffeln.

ZUTATEN

115 g Butter (Zimmertemperatur) plus etwas zum Fetten der Förmchen

115 g feiner Zucker

2 Eier (Größe M)

30 g Mehl

115 g gemahlene Mandeln

1 TL reiner Vanilleextrakt (ersatzweise gemahlene Vanille)

1 EL Kirschwasser, Brandy oder Cherry Brandy

100 g TK–Blaubeeren

einige Mandelblättchen zum Garnieren

Puderzucker zum Bestäuben

ZUBEREITUNG

* Ergibt 10–15 Stück, je nach Größe der Förmchen
* Man braucht etwa 15 kleine Metall- oder Silikonförmchen jeglicher Form oder kleine Muffinformen

1. Den Backofen auf 180 °C vorheizen. Alle Förmchen mit etwas weicher oder zerlassener Butter gut fetten.

2. Butter und Zucker zu einer hellen und luftigen Mischung schaumig rühren. Die Eier verquirlen und nach und nach zugeben. Wenn die Mischung gerinnt, das Mehl zugeben.

3. Die gemahlenen Mandeln, die Vanille und das Kirschwasser unterrühren. Die Förmchen mit einigen Löffeln der Mischung füllen.

4. Direkt vor dem Backen einige gefrorene Blaubeeren in jedes Förmchen drücken und mit Mandelblättchen bestreuen. Je nach Größe 10–15 Minuten backen.

5. Wie so viele Backwaren schmecken diese Mandeltörtchen am besten direkt aus dem Ofen! Vor dem Herausnehmen aus den Förmchen einige Minuten abkühlen lassen und direkt vor dem Servieren mit Puderzucker bestäuben.

6. In einem luftdichten Behälter sind die Bissen im Kühlschrank 3 Tage haltbar. Vor dem Servieren wieder auf Zimmertemperatur bringen, entweder kurz in der Mikrowelle oder für ein paar Minuten im Backofen.

HINWEIS

Bei Verwendung von frischen Blaubeeren diese vorab einfrieren, bevor sie unter den Teig gerührt werden, da sie sonst beim Untermischen zerdrückt werden und der Saft beim Backen herausläuft.

ABWANDLUNGEN

Anstelle der Blaubeeren Brombeeren oder Himbeeren verwenden. Zu einem festlichen Anlass kann man einige Weinbeeren in Brandy einweichen und anstelle der Beeren verwenden.

STREUSELDREIECKE

mit Kaffee, Karamell und Pekannüssen

ZUTATEN FÜR DIE FÜLLUNG

60 g Pekannüsse

400 g Kondensmilch (1 Dose)

30 g Butter

2 EL Golden Syrup (ersatzweise Zuckerrübensirup)

3 TL Instant-Espressopulver

FÜR DEN TEIGBODEN

125 g Butter

60 g feiner Zucker

½ TL reiner Vanilleextrakt (ersatzweise gemahlene Vanille)

160 g Mehl

STREUSELBELAG

140 g Mehl

2 TL Zimt

15 g dunkler Muscovado-Zucker (oder anderer weicher brauner Zucker)

2 TL Instant-Espressopulver

125 g Butter

ZUBEREITUNG

* Ergibt 18 köstliche Dreiecke
* Man braucht 1 quadratische Kuchenfom mit 20 cm Seitenlänge

1. Den Backofen auf 180 °C vorheizen. Boden und Rand der Kuchenform mit Backpapier auslegen.

2. Für die Füllung die Pekannüsse im Ofen leicht rösten und grob hacken. Kondensmilch, Butter und Zuckerrübensirup in einem kleinen Topf mit schwerem Boden mischen. Ständig rühren und die Mischung 2–3 Minuten blubbernd kochen lassen, bis sie etwas Farbe annimmt und dicklich wird. Den Topf vom Herd nehmen, Kaffeepulver und Pekannüsse einrühren. Zum Abkühlen beiseitestellen.

3. Für den Teig Butter, Zucker und Vanilleextrakt schaumig rühren. Das Mehl zugeben und alles zu einem festen Teig verarbeiten. (Kann in der Küchenmaschine geschehen, aber Vorsicht, zu langes Rühren macht den Teig zäh.)

4. Den Teig gleichmäßig in die Form drücken und 10–12 Minuten backen.

5. Inzwischen die Streusel zubereiten. Dazu die trockenen Zutaten in eine große Rührschüssel geben und dann die Butter so einarbeiten, dass eine bröselige Konsistenz entsteht.

6. Den gebackenen Boden aus dem Ofen nehmen und 5 Minuten stehen lassen, dann die Füllung gleichmäßig darauf verteilen. Nun die Streusel gleichmäßig darübergeben.

7. Weitere 10–15 Minuten backen, bis sich der Kuchen fest anfühlt.

8. Etwas auskühlen lassen, dann in 9 große Quadrate schneiden und diese jeweils diagonal halbieren. In einem luftdicht verschlossenen Behälter aufbewahren. Die Dreiecke sind 6 Tage haltbar.

HINWEIS

Die Kaffeepulvermenge für die Füllung können Sie nach Geschmack variieren, je nachdem, wie stark der Kaffee sein soll. Da der Kaffeegeschmack einen Kontrast zur Süße des Karamells bilden soll, ist es günstig, eher großzügig zu sein!

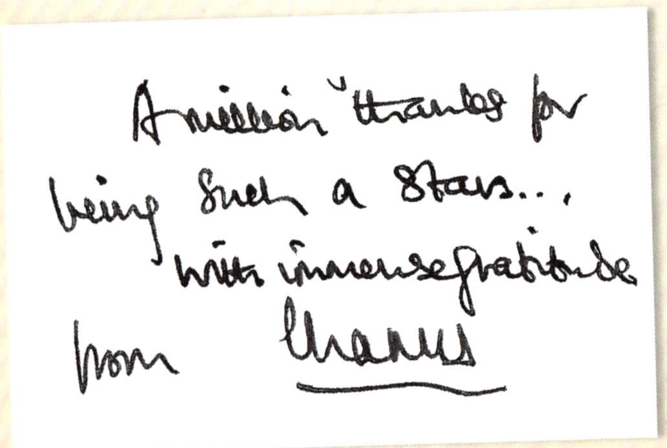

Solche Würdigungen meiner Arbeit inspirierten mich mehr als alles andere und ließen mich immer nach Perfektion streben.

Zur Entstehung dieses Rezepts gibt es eine ganz simple Erklärung, die auf reinem Genuss basiert. Ich habe es nämlich erfunden, um meine drei Lieblingszutaten und -aromen aus der Backstube zu kombinieren: Kaffee, Pekannüsse und Karamell. Als Jungköchin hatte ich das unglaubliche Glück, für einen Arbeitgeber tätig zu sein, der mein Vergnügen am innovativen Kochen und Backen schätzte und meine Experimentierfreudigkeit und Kreativität in der Küche förderte. SKH der Prince of Wales hätte mich dabei nicht mehr unterstützen oder die Ergebnisse mehr würdigen können. Dafür werde ich immer äußerst dankbar sein.

KOKOS-KIRSCH-MAKRONEN

mit Cornflakes

Diese Makronen hat meine Mutter oft gebacken. Sie sind einfach, rustikal und sehr schnell und problemlos zuzubereiten. Als ich Kind war, waren diese Makronen bei mir und meinen Freunden sehr beliebt. Durch die Beigabe von Cornflakes werden sie sehr knusprig und weniger süß. Wenn Sie möchten, können Sie die Makronen auch auf Oblaten backen. Die Kokosraspel schmecken am besten, wenn sie zuvor geröstet werden, denn dann sind die Makronen weniger zäh und das Aroma entfaltet sich besser.

ZUTATEN

85 g Kokosraspel
85 g kandierte Kirschen
2 Eiweiß
200 g Zucker
1 TL reiner Vanilleextrakt (ersatzweise gemahlene Vanille)
85 g Cornflakes
15 Oblaten (nach Belieben)

ZUBEREITUNG

* Ergibt etwa 15 Stück
* Man braucht 1 kleines und 2 mittelgroße Backbleche

1. Den Backofen auf 170 °C vorheizen. Wenn keine Oblaten verwendet werden, die Backbleche mit einer Silikonmatte oder Backpapier auslegen.
2. Die Kokosraspel auf einem kleinen Backblech etwa 5 Minuten im Backofen leicht rösten und abkühlen lassen. Die kandierten Kirschen abspülen, trocken tupfen und in dünne Scheiben schneiden.
3. Die Eiweiße in einer großen, sauberen und trockenen Rührschüssel steif schlagen. Nach und nach unter ständigem Rühren den Zucker einrieseln lassen, bis ein sehr dickes, glänzendes Baiser entstanden ist.
4. Vanille, Kokosnuss, Cornflakes und Kirschen unterheben. Mit einem Löffel Häufchen auf die Oblaten oder den Teig direkt auf die vorbereiteten Backbleche setzen.
5. 15–20 Minuten backen, bis die Makronen fest sind, sie sollen aber nicht bräunen. Auf einem Kuchengitter auskühlen lassen.

ABWANDLUNGEN

Die Cornflakes können durch geröstete Mandelblättchen ersetzt und die Makronen mit etwas geschmolzener dunkler Schokolade beträufelt werden. Kleine Makronen, in einem hübschen Glas verpackt und mit einer großen Schleife, sind ein besonderes Geschenk.

HAFERKEKSE

mit Datteln

Ich kann keine Haferflockenkekse backen, ohne an meinen Besuch auf Jamaika, Guyana, Trinidad und Tobago zurückzudenken. Diese Orte besuchte ich als Mitglied Seiner Königlichen Hoheit bei einem Staatsbesuch in diese Region. Es war eine der buntesten und denkwürdigsten Reisen, an der ich je teilgenommen habe. Auf Reisen wie dieser nahm ich immer einen großen Vorrat an Snacks mit, um die sehr beschäftigten und hungrigen Gruppenmitglieder, die oft nicht die Zeit für eine richtige Mahlzeit hatten, zu verköstigen. Zu diesem Anlass hatte ich eine große Menge Haferkekse zum Mitnehmen gebacken. Sie wurden von ausgehungerten Schutzbeamten, Stallmeistern, Sekretären und anderen begeistert aufgenommen.

ZUTATEN

200 g Datteln
285 g Butter
140 g Golden Syrup (ersatzweise Zuckerrübensirup)
30 g dunkler Muscovado-Zucker
200 g feine Haferflocken
85 g kernige Haferflocken
30 g Kokosraspel
30 g Leinsamen
30 g Kürbiskerne
1 TL reiner Vanilleextrakt (ersatzweise gemahlene Vanille)

ZUM GARNIEREN

6 getrocknete Aprikosen
15 g getrocknete Cranberries
15 g Kürbiskerne

ZUBEREITUNG

* Ergibt 16 Quadrate oder Riegel oder 64 mundgerechte Häppchen
* Man braucht 1 quadratische Backform mit 20 cm Kantenlänge

1. Den Backofen auf 170 °C vorheizen. Boden und Ränder der Backform mit Backpapier auslegen.

2. Datteln entsteinen und hacken. Butter, Sirup, Zucker und Datteln in einen Topf mit schwerem Boden geben. Die Butter bei milder Hitze zerlassen und einige Minuten weiter erhitzen, sodass die Datteln zerfallen und eine dicke, zähflüssige Mischung entsteht.

3. Den Topf vom Herd nehmen und Haferflocken, Kokosraspel, Leinsamen, Kürbiskerne und Vanille gut unterrühren. Die Mischung in die Backform füllen, ohne sie anzudrücken, da die Kekse sonst ziemlich hart werden!

4. 10 Minuten backen, dann aus dem Ofen nehmen. Aprikosen in Scheiben schneiden und die Kekse mit Aprikosen, Cranberries und Kürbiskernen bestreuen. Weitere 5–8 Minuten backen. Direkt nach dem Backen sind die Haferkekse ziemlich weich, sobald sie auskühlen, werden sie deutlich fester.

5. Noch warm aus der Backform nehmen, hierzu das Backpapier zum Herausheben nutzen. Auf ein Küchenbrett legen und mit einem gezahnten Kuchenmesser in die gewünschte Form schneiden.

6. Vollständig auskühlen lassen, dann in einem luftdicht verschließbaren Behälter aufbewahren. Dort sind sie 2 Wochen haltbar.

ABWANDLUNG

Ahorn-Pekannuss-Haferkekse: Die Samen durch die gleiche Gewichtsmenge Pekannüsse und die Hälfte des Zuckerrübensirups durch Ahornsirup ersetzen – köstlich!

LEMON-CURD-TÖRTCHEN

mit frischen Beeren

Dies hier ist meine eigene Version einer Zitronentarte. Ich verwende dazu Zitronenteig und fülle die Törtchen mit hausgemachtem Lemon Curd, vermischt mit etwas Schlagsahne. Für mich sind sie gedanklich immer mit dem Sommer verbunden, daher garniere ich sie gerne mit Beeren der Saison, frischer Minze und, falls ich welche bekomme, mit Borretschblüten, sonst Blüten anderer essbarer Blumen wie Chrysanthemen oder Stiefmütterchen. Kommen Sie nicht in Versuchung, ein Glas fertigen Lemon Curd zu kaufen, er ist ganz einfach zuzubereiten und schmeckt so viel besser! Diese kleinen Zitronentörtchen lassen mich unweigerlich an meine erste Gartenparty an einem wunderbar sonnigen und für mich sehr aufregenden Nachmittag im Buckingham Palace denken. Wie bei jeder Veranstaltung faszinierte es mich unheimlich, was an Essen serviert wurde, aber besonders sind mir die Lemon-Curd-Törtchen im Gedächtnis geblieben.

ZUTATEN FÜR DEN ZITRONENTEIG

140 g Butter
75 g feiner Zucker
abgeriebene Schale von 1 Bio-Zitrone
1 Eigelb
225 g Mehl und etwas für die Arbeitsfläche

FÜR DIE FÜLLUNG

150 ml Crème double oder Schlagsahne
360 g Lemon Curd (s. Rezept S. 203)
eine Auswahl an Beeren zum Garnieren
Minze und essbare Blüten zum Garnieren
Puderzucker zum Bestäuben

Ihre Majestät die Königin – was für eine beeindruckende Frau. Es war immer ein enormes Privileg und Vergnügen, sie zu treffen.

ZUBEREITUNG

* Ergibt etwa 12 Stück, je nach Größe
* Man braucht 12 Törtchenformen mit 5 cm Durchmesser oder 1 mittelgroße Muffinform oder man backt Mini-Törtchen in einer Mini-Muffinform. Außerdem braucht man Backbohnen aus Keramik oder Trockenerbsen zum Blindbacken

1. Den Teig zubereiten. Dafür Butter und Zucker schaumig rühren. Die Zitronenschale mit einer feinen Reibe direkt in die Schüssel reiben. Anschließend das Eigelb zugeben und gut verrühren.
2. Das Mehl unterrühren und alles zu einem glatten Teig verarbeiten. Bei Verwendung einer Küchenmaschine nicht zu lange rühren, sonst wird der Teig zäh und hart beim Backen. 20 Minuten im Kühlschrank ruhen lassen.
3. Während der Teig ruht, die Füllung zubereiten. Die Crème double steif schlagen und den Lemon Curd unterheben. Zugedeckt bis zur Verwendung in den Kühlschrank stellen.
4. Den Teig auf einer bemehlten Arbeitsfläche etwa 3 mm dick ausrollen. Kreise ausschneiden und die Törtchenformen damit auslegen.
5. Auf jedes Törtchen einen Kreis Backpapier legen und mit Backbohnen oder Erbsen beschweren. Mindestens 20 Minuten im Kühlschrank ruhen lassen und den Backofen auf 180 °C vorheizen.
6. Je nach Größe etwa 10 Minuten blindbacken. Backbohnen oder Erbsen und Backpapier herausnehmen und die Törtchen erneut für ein paar Minuten in den Backofen stellen, damit sie knusprig werden.
7. Auf einem Kuchengitter auskühlen lassen, dann die Törtchen aus den Formen nehmen. Die vollständig ausgekühlten Törtchen mit der Lemon-Curd-Sahne füllen.
8. Mit Beeren nach Wahl, Blüten und Minze garnieren und direkt vor dem Servieren mit Puderzucker bestäuben. Der Teig bleibt einige Stunden knusprig.

ABWANDLUNGEN

Falls nicht die Jahreszeit für frische Beeren ist, können Sie die Törtchen auch mit Puderzucker bestäuben und den Zucker mit einem Gasbrenner karamellisieren.

MELTING MOMENTS

mit Buttercremefüllung

Diese köstlichen kleinen Kekse wurden schon bei manch einem Kindernachmittagstee serviert. Sie sind bei Kindern ganz besonders beliebt, wenn man sie recht klein bäckt und mit bunter Buttercreme füllt. Für mich sind es „Taufkekse", denn ich weiß, dass meine Mutter sie zu meiner Taufe und auch zur Taufe meiner älteren Tochter gebacken hat. Sehr kleine, sehr leckere Exemplare, gefüllt mit rosa Buttercreme. Als ich das Taufessen für die Enkelin von IKH Prinzessin Margaret zubereitete, waren sie auch wieder dabei. Sie sind sehr einfach zuzubereiten und „schmelzen" sofort im Mund, ganz wie der Name schon sagt!

ZUTATEN FÜR DIE KEKSE

340 g Butter (Zimmertemperatur)
115 g Puderzucker
340 g Mehl
115 g Vanillepuddingpulver (vorzugsweise Custard Powder von „Birds")

FÜR DIE BUTTERCREMEFÜLLUNG

85 g Butter (Zimmertemperatur)
175 g Puderzucker
Saft und fein abgeriebene Schale von 1 Bio-Zitrone
2 TL Kirschwasser, Cassis-Likör oder etwas reiner Vanilleextrakt
rosa und gelbe Lebensmittelfarbe

ZUBEREITUNG

* Ergibt etwa 50 kleine Kekse
* Man braucht 3 mittelgroße Backbleche

1. Den Backofen auf 180 °C vorheizen. Die Backbleche mit Silikonmatten oder Backpapier auslegen.
2. Butter und Puderzucker für die Kekse hell und schaumig rühren. Mehl und Puddingpulver in die Mischung sieben und zu einem glatten Teig verarbeiten.
3. Aus dem Teig kleine Kugeln formen (walnussgroß oder kleiner). Auf die Backbleche setzen und mit einer Gabel leicht eindrücken.
4. Je nach Größe 10–12 Minuten backen. Sie sollen eine schöne goldgelbe Farbe annehmen. Nach dem Backen auf einem Kuchengitter auskühlen lassen.
5. Die Buttercreme zubereiten. Dafür Butter und Puderzucker verrühren, vorzugsweise mit einem elektrischen Handrührgerät, damit eine sehr leichte und lockere Konsistenz entsteht.
6. Die Buttercreme in zwei Hälften teilen. Zu einer Buttercremehälfte sehr fein abgeriebene Zitronenschale und 1–2 TL Zitronensaft (je nach Geschmack) und etwas gelbe Lebensmittelfarbe zugeben, damit die Creme eine zartgelbe Farbe annimmt.
7. Unter die andere Hälfte Kirschwasser oder Cassis-Likör oder auch nur etwas Vanilleextrakt und etwas rosa Lebensmittelfarbe rühren, damit die Creme eine zartrosa Farbe annimmt.
8. Die eine Hälfte der völlig erkalteten Kekse mit gelber Buttercreme zusammensetzen, die andere Hälfte mit rosafarbener Buttercreme. Direkt vor dem Servieren mit Puderzucker bestäuben. In einem luftdicht verschließbaren Behälter sind die Melting Moments 1 Woche haltbar.

ABWANDLUNGEN

Sie können die Kekse auch mit geschmolzener Schokolade zusammensetzen oder mit meinem Favoriten Nutella!
Zu einer guten Tasse Kaffee schmecken auch die einzelnen Kekse „einfach so". Falls Sie nicht vorhaben, die Kekse zusammenzusetzen, können Sie jeden Keks vor dem Backen mit einer halben kandierten Kirsche oder einigen Mandelblättchen belegen.

STRAUSSENEIER

mit Frühlingsblumen

Zu meiner Arbeit als Floristin gehörte es, immer wieder etwas Neues zu entwickeln. Mir gefiel die Idee, in ein Straußenei kleine Maiglöckchen und Veilchen einzusetzen und dieses Arrangement vor dem Prinzen aufzustellen. Er fand Gefallen daran und häufig hatten auch Gäste ihren Spaß an diesen Straußeneiern.

MATERIAL

ein ausgeblasenes Straußenei
Malerkreppband
kleiner Hammer
kleine Pflanzen wie Veilchen, Krokusse oder Maiglöckchen
etwas Moos
ein Terrakottatopf

In der Viktorianischen Zeit hatte man an dieser Art von „Stillleben" ebenfalls Freude und es war interessant nachzuforschen, wie Flora und Fauna in früheren Zeiten in den Königsresidenzen verwendet wurden. Diese Arrangements habe ich mit Eiern angefertigt, die auf einer Straußenfarm gekauft wurden. Sorgfältig brach ich ein Stück der Schale heraus und bepflanzte das Ei anschließend mit kleinen Frühlingsblumen. Ein amüsantes und unerwartetes Gefäß für Topfpflanzen oder Schnittblumen gleichermaßen.

Das Straußenei mit Malerkreppband umwickeln.

Vorsichtig aber fest an der Stelle mit dem Hammer auf das Ei schlagen, wo die Öffnung entstehen soll.

Vorsichtig das Malerkreppband entfernen und die zerbrochenen Schalenstücke wegwerfen.

Die gewünschten Pflanzen in das Ei stellen, die Erde mit Moos abdecken. Das Ei auf einen mit Erde gefüllten und Moos abgedeckten Terrakottatopf passender Größe stellen.

KUCHEN

Schließen Sie die Augen und stellen Sie sich einen englischen Nachmittagstee auf dem Lande vor …

SCHOKOLADEN-KEKS-KUCHEN

ZIMT-ZUCKER-KUCHEN

INGWERKUCHEN

GLASIERTER KUCHEN
MIT ORANGENMARMELADE

DRIZZLE-CAKE MIT LIMETTEN, HIMBEEREN
UND WEISSER SCHOKOLADE

HOHE MINI-VICTORIA-SANDWICHES

ROSENBLÄTTERKUCHEN

SAFTIGES FRÜCHTEBROT
MIT ZUCKERSIRUP

FASCINATORS

HANDSTRAUSS

KANDIERTE VEILCHEN

SCHOKOLADEN-KEKS-KUCHEN

mit Feigen und Pistazien

Als die jungen Prinzen noch Kinder waren, habe ich oft einen Schokoladen-Keks-Kuchen für sie gebacken. Schon meine Mutter hat ihn in meiner Kindheit als ganz besondere Leckerei zubereitet und ich habe diesen Kuchen immer sehr gerne gemocht. Auch bei den Prinzen war er so beliebt, dass Prinz William sich einen bei seiner Hochzeit sogar als Groom's Cake (Bräutigamstorte) wünschte. Das Rezept, das ich von meiner Mutter übernommen habe, hat in den vergangenen dreißig Jahren einige Änderungen erfahren, wie dies bei allen großartigen Dingen der Fall ist. Der Groom's Cake zur Hochzeit war das Werk und ein Geschenk an Prinz William vom Kekshersteller „McVities". Er soll aus 1700 McVities-Keksen und 17 kg Schokolade zubereitet gewesen sein!

ZUTATEN FÜR DEN KUCHEN

340 g Butter
240 g Golden Syrup (ersatzweise Zuckerrübensirup)
50 g Kakaopulver
115 g dunkle Schokolade
1 TL reiner Vanilleextrakt (ersatzweise gemahlene Vanille)
100 g weiche, dicke getrocknete Feigen
50 g Pistazien
450 g Vollkornkekse, vorzugsweise der Marke McVities

ZUM GARNIEREN

150 g helle oder dunkle Schokolade
30 g weiße Schokolade
Auswahl kleiner Schokostäbchen und dunkle und weiße Maltesers-Schokokugeln

ZUBEREITUNG

* Ergibt 16 Stück (oder mehr … er ist sehr üppig!)
* Man braucht 1 runde Kuchenform oder 1 Backring mit 20 cm Durchmesser oder 1 große Kastenform (20 x 9 cm)

1. Die Butter zusammen mit dem Zuckerrübensirup in einem Topf mit schwerem Boden schmelzen. Nicht kochen lassen. Den Topf vom Herd nehmen und Kakaopulver, dunkle Schokolade und Vanille einrühren. Die getrockneten Feigen in feine Scheiben schneiden.
2. So lange rühren, bis eine sehr glatte und glänzende Mischung entstanden ist. Pistazien, Feigen und zerkrümelte Kekse zugeben und gut unterrühren.
3. Boden und Ränder der Kuchenform mit Backpapier oder Frischhaltefolie auslegen. Die Mischung in die Form geben und gut in die Ecken drücken. Bei Zimmertemperatur gut abkühlen lassen, erst dann abdecken und in den Kühlschrank stellen. Es dauert etwa 2 Stunden, bis der Kuchen völlig fest geworden ist. Dann aus der Form nehmen und auf ein Kuchengitter setzen.
4. Helle oder dunkle und weiße Schokolade getrennt schmelzen. Den Kuchen komplett damit überziehen.
5. Beliebig verzieren. Sehr verlockend sieht es beispielsweise aus, wenn großzügig dunkle und helle Schokokugeln und Schokostäbchen auf dem Kuchen verteilt sind und weiße Schokolade darüber geträufelt wird! Die Schokokugeln verteilen, bevor der Schokoladenguss fest wird, damit sie auf dem Kuchen haften bleiben.
6. Luftdicht verschlossen im Kühlschrank aufbewahren. Der Kuchen hält sich 2 Wochen (was selten vorkommen wird, denn er schmeckt „nach mehr"!).

ABWANDLUNGEN

Obst und Nüsse können Sie nach Belieben auswählen; Rosinen, Cranberries, getrocknete Kirschen, Pekannüsse, geröstete Mandeln … alles eignet sich! Für einen festlichen Anlass nehmen Sie kandierte Kirschen, eingelegt in Cherry Brandy. Für einen Kindergeburtstag können Sie Obst und Nüsse durch gehackte Marsriegel und Schokokugeln ersetzen und den Kuchen mit bunten Smarties verzieren.

Das Brautpaar fuhr nach der Trauung durch die Stadt, bevor es abends mit der Familie, Staatsgästen und Freunden feierte.

ZIMT-ZUCKER-KUCHEN

in Mini-Kastenformen

Ich erinnere mich noch ganz genau an meine erste Verabredung zum Spielen bei einer Freundin. Damals war ich fünf Jahre alt. Was diesen Nachmittag so denkwürdig machte, war nicht das verrückte Herumrasen auf unseren Fahrrädern, sondern der Kuchen, den Kims Mutter zum Tee gebacken hatte. Bereits in diesem zarten Alter übte Essen eine Faszination auf mich aus. Als ich nach Hause kam, beschrieb ich meiner Mutter den Kuchen sehr anschaulich und bat sie inständig, sich das Rezept geben zu lassen. Kims Mutter überließ es uns freundlicherweise und von diesem Tag an hieß der Kuchen bei uns „Kims Kuchen". Es ist recht ungewöhnlich für mich, dass ich mit dem Rezept kein bisschen herumexperimentiert habe, aber es war einfach schon perfekt. Der Kuchen ist sehr leicht, weil er mit Öl anstelle von Butter gemacht wird. Am besten schmeckt er noch warm direkt aus dem Ofen, er lässt sich daher nur in dicke, ziemlich gierig wirkende Scheiben schneiden. Man kann ihn auch sehr gut in Mini-Kastenformen backen.

ZUTATEN FÜR DEN KUCHEN

3 Eier (Größe M)
150 g feiner Zucker
110 ml Sonnenblumenöl (oder ein sehr leichtes, mildes Olivenöl)
140 g Mehl
1 EL Stärkemehl
3 TL Backpulver
2 TL Zimt
1 Prise Salz

FÜR DEN ZIMT-ZUCKER-GUSS

50 g Butter
85 g feiner Zucker
3 TL Zimt

ZUBEREITUNG

* Ergibt 8–10 Portionen
* Man braucht 1 Kastenform (18 x 8 cm) oder 10 Mini-Kastenformen (oder Einmalformen aus Pappe wie auf dem Foto)

1. Den Backofen auf 180 °C vorheizen. Boden und Ränder der Form(en) mit Backpapier auslegen. (Das erübrigt sich, wenn man die Einmalformen verwendet.)

2. Eier trennen, Eigelbe und Zucker miteinander schlagen, bis die Masse hell, dick und cremig ist. Öl und 110 ml Wasser zugeben und gut vermischen.

3. Alle trockenen Zutaten in die Eiermischung sieben und gut unterrühren. Die Eiweiße zu steifem Eischnee schlagen und in drei Portionen vorsichtig unter die Mischung heben.

4. Die Mischung in die Backform(en) füllen. Jede Form einige Male vorsichtig auf den Küchentisch schlagen, bevor sie in den Ofen kommt, damit große Luftblasen entweichen können. 30–40 Minuten backen (in einer großen Form) oder 12–15 Minuten in den Miniformen.

5. Während der Backzeit den Guss zubereiten. Dafür die Butter zerlassen, Zucker und Zimt unterrühren.

6. Den Kuchen nach dem Herausnehmen aus dem Ofen einige Minuten stehen lassen, damit er sich setzen kann, dann den Guss darüber verteilen.

7. Nach dem Abkühlen den Kuchen aus der Form nehmen und auf ein Kuchengitter setzen. Aber Vorsicht, der Kuchen ist leicht und zerbrechlich! Luftdicht verschlossen aufbewahren, am besten innerhalb von 3 Tagen aufessen.

INGWERKUCHEN

köstlich üppig und saftig

Diesen Ingwerkuchen backte ich zum ersten Mal vor einigen Jahren zu einem Jagdtee, einem Nachmittagstee nach einem langen, meistens kalten, grauen und feuchten Tag im Freien zur Fasanen- oder Moorhuhnjagd. Ich freute mich immer, wenn ein Jagdtee vorzubereiten war, denn ich backe für mein Leben gerne Kuchen und der alltägliche Nachmittagstee erforderte keine verlockende Auswahl an Naschereien, sondern war eine recht einfache Angelegenheit. Im Lauf der Jahre habe ich das Rezept so häufig verändert, dass es heute keinerlei Ähnlichkeit mehr mit dem einst einfachen Ingwerkuchen aufweist.
Ich habe den Kuchen sehr viel „ingweriger" und saftiger gemacht und bin nun an dem Punkt angelangt, wo ich das Rezept nicht weiter verändern werde, denn besser kann es eigentlich nicht mehr werden.

ZUTATEN FÜR DEN KUCHEN

85 g (3–4) Ingwerpflaumen (Stem-Ingwer) in Sirup

50 g kandierter Ingwer

125 g Butter

200 g Golden Syrup (ersatzweise Zuckerrübensirup)

3 EL Ingwersirup aus dem Glas mit den Ingwerpflaumen

125 g Muscovado-Zucker

2 Eier (Größe L)

225 ml Milch

225 g Mehl

1 TL Natron

2 TL Backpulver

2 TL gemahlener Ingwer

1 TL gemahlene Mixed Spice (engl. Gewürzmischung aus Koriander, Zimt, Piment, Muskat, Ingwer und Nelken; ersatzweise Lebkuchengewürz)

1 Prise Paprikapulver oder Cayennepfeffer

1 Prise Meersalz

FÜR DIE GLASUR

50 ml (4 EL) Golden Syrup (ersatzweise Zuckerrübensirup)

2 Ingwerpflaumen (Stem-Ingwer) in Sirup

ZUBEREITUNG

* Ergibt 8–10 Portionen
* Man braucht 1 tiefe runde Kuchenform mit 18 cm Durchmesser

1. Den Backofen auf 160 °C vorheizen. Boden und Ränder der Kuchenform mit Backpapier auslegen. Ich verwende eine schwere Form mit herausnehmbarem Boden. Die Ingwerpflaumen auf einer sehr feinen Reibe reiben. Den kandierten Ingwer mit einem guten Messer mit scharfer Klinge sehr fein schneiden.
2. Butter, Zuckerrübensirup, Ingwersirup, Muscovado-Zucker, geriebene Ingwerpflaumen und den kandierten Ingwer in einen Topf mit schwerem Boden geben. Vorsichtig erwärmen, damit die Butter schmilzt. Ständig rühren und darauf achten, dass die Masse nicht zu kochen beginnt. Anschließend etwas abkühlen lassen.
3. Eier und Milch miteinander verquirlen und in die warme Mischung geben. Mehl, Natron, Backpulver, Gewürze und Salz zusammensieben, die trockenen Zutaten unter die flüssigen Zutaten mischen und gut verrühren, damit keinerlei Klumpen entstehen.
4. Die Mischung in die vorbereitete Form gießen und 35–45 Minuten backen. Die Oberseite bekommt eine herrliche dunkel-goldbraune Farbe. Mit einem Holzstäbchen in die Mitte des Kuchens stechen, um zu testen, ob der Kuchen durchgebacken ist. Er ist fertig, wenn keine Teigreste daran hängen bleiben.
5. Ingwerpflaumen für die Glasur in feine Scheiben schneiden. Kuchen aus dem Ofen nehmen, sofort mit dem Zuckerrübensirup glasieren und auf der Oberseite mit den Ingwerpflaumenscheibchen verzieren.
6. Vor dem Herauslösen aus der Form vollständig abkühlen lassen. Wenn der Kuchen völlig erkaltet ist, in einem luftdicht verschlossenen Behälter mehrere Tage stehen lassen und erst dann genießen. Er hält sich 2 Wochen.

GLASIERTER KUCHEN

mit Orangenmarmelade

Eine meiner ersten Backerinnerungen ist, wie ich meiner Mutter beim Herstellen eines Marmeladenkuchens geholfen habe. Sie war eine wunderbare Köchin, bei der es immer die leckersten frisch gebackenen Kuchen und Kekse gab – und dabei hatte sie für jeden von uns etwas Besonderes auf Lager. Marmeladenkuchen ist von klein auf der Lieblingskuchen meines Vaters. Ich glaube, das Originalrezept stammte von seiner Großmutter. Dies hier ist mein eigenes Rezept, die Tradition, den Kuchen in einer Ringform zu backen, habe ich aber beibehalten. Meine Mutter verwendete immer ihre köstliche selbstgemachte Marmelade, ich nehme „Duchy Originals" Organic Seville Orange Marmalade, eine der besten im Handel erhältlichen Marmeladen. Ob Sie Marmelade mit grob oder fein geschnittener Schale verwenden, bleibt Ihnen überlassen!

ZUTATEN FÜR DEN KUCHEN

225 g Butter plus etwas für die Form
225 g Mehl plus etwas für die Form
225 g feiner Zucker
4 Eier (Größe M)
175 g Bitterorangenmarmelade (mittelfein geschnittene Schale)
abgeriebene Schale von 2 großen Bio-Orangen
2 TL Backpulver

FÜR DEN ORANGENGUSS

175 g Puderzucker
sehr fein abgeriebene Schale und 3 EL Saft von 2 Bio-Orangen

ZUBEREITUNG

* Ergibt 10 Portionen
* Man braucht 1 Ringform mit 22 cm Durchmesser

1. Den Backofen auf 160 °C vorheizen. Die Ringform mit etwas weicher Butter sorgfältig fetten und darauf achten, dass in der Mitte und auch an den Seiten alles gut gefettet ist. Etwas Mehl in die Form stäuben und schwenken, überschüssiges Mehl ausklopfen.
2. Butter und Zucker schaumig rühren, bis die Mischung blass und cremig ist. Die Eier verquirlen und nach und nach zu der Butter und dem Zucker geben, dabei jeweils gut verrühren. Wenn die Mischung zu gerinnen beginnt, etwas von dem Mehl zugeben.
3. Die Marmelade zugeben, die Orangenschale direkt in die Schüssel reiben und alles gut vermischen.
4. Mehl und Backpulver sieben und vorsichtig unterheben. Zu langes oder zu kräftiges Rühren ergibt einen Kuchen mit zäher, schwerer Konsistenz.
5. Die Teigmischung mit einem Löffel in die Ringform füllen und 35 Minuten backen, nach dem Ende der Backzeit den Backofen ausschalten und den Kuchen noch 10 Minuten darin stehen lassen.
6. Während der Kuchen bäckt, den Guss zubereiten. Dafür Puderzucker in eine Schüssel sieben und die Orangenschale darüberreiben. Langsam den Orangensaft einrühren. Eventuell wird nicht die gesamte Menge benötigt. Der Guss muss so fest sein, dass seitlich am Kuchen nur wenig davon hinunterläuft, jedoch nicht der gesamte Guss!
7. Den Kuchen herausnehmen und etwas abkühlen lassen. Dann vorsichtig aus der Form nehmen, auf ein Kuchengitter setzen und den Guss darauf verteilen.
8. Da dies ein Ringkuchen ist, richte ich ihn gerne mit einigen frischen Blumen in der Mitte an. Luftdicht verschlossen aufbewahrt hält der Kuchen 5 Tage.

DRIZZLE CAKE

mit Limetten, Himbeeren und weißer Schokolade

Dieser Kuchen ist in große Stücke geschnitten perfekt für ein Picknick, er sieht aber auch in kleinen Stückchen sehr hübsch aus, wenn er zusammen mit anderen Leckereien zur Teestunde auf einem Tortenständer aus feinem Porzellan angerichtet wird. Der Limettenduft und der intensive Geschmack der Himbeeren verbinden sich wunderbar mit der samtigen Süße der weißen Schokolade. Während der Saison nehme ich gerne frische Himbeeren, stelle sie aber ins Tiefkühlfach, bevor ich sie unterrühre, damit sie etwas fester sind und sich beim Unterrühren nicht auflösen. Sonst wird der Kuchen rundum rosafarben und man sieht keine ganzen Früchte mehr! Falls Sie Brombeeren bevorzugen, können Sie diese genauso gut nehmen. Frisch aus dem Ofen und noch warm ist dies auch ein herrliches Dessert. Mit Clotted Cream oder Crème fraîche servieren!

ZUTATEN FÜR DEN KUCHEN

225 g weiche Butter
225 g feiner Zucker
4 Eier (Größe M)
30 g gemahlene Mandeln
100 g hochwertige weiße Schokolade
sehr fein abgeriebene Schale von 2 Bio-Limetten
250 g Mehl
2 gestrichene TL Backpulver
200 g Himbeeren (frisch oder TK)

FÜR DEN LIMETTENSIRUP

85 g feiner Zucker
2 Limetten, davon 1 Bio-Limette
einige Tropfen reiner Vanilleextrakt (ersatzweise 1 kräftige Prise gemahlene Vanille)

ZUBEREITUNG

* Ergibt 12 reichliche Portionen (und sehr viel mehr kleine Portionen)
* Man braucht 1 viereckige Kuchenform (22 cm Länge)

1. Den Backofen auf 160 °C vorheizen. Boden und Ränder der Kuchenform mit Backpapier auslegen.

2. Die Butter mit dem Zucker schaumig schlagen, bis die Masse blass und cremig ist. Die Eier leicht verquirlen und nach und nach zugeben, dazwischen immer gut verrühren. Wenn die Mischung zu gerinnen beginnt, die gemahlenen Mandeln unterrühren. Die weiße Schokolade über dem Wasserbad schmelzen.

3. Limettensaft und -schale zugeben und die weiße Schokolade unterheben. Mehl und Backpulver zusammensieben und vorsichtig untermischen.

4. Die Himbeeren sehr vorsichtig unterheben, damit sie ganz bleiben. Die Mischung mit einem Löffel in die Backform füllen und 35–40 Minuten backen. Der Kuchen soll sich bei Berührung fest anfühlen, eine goldgelbe Farbe angenommen haben und ein Holzstäbchen, das man in der Mitte eingestochen hat, soll ohne anhängende Teigreste herauskommen.

5. Während der Kuchen im Ofen ist, den Limettensirup zubereiten. Dafür die Schale von der Bio-Limette fein abreiben und beide Früchte auspressen. Alle Zutaten bis auf die Limettenschale mit 3 EL kochendem Wasser in einem kleinen Topf mit schwerem Boden mischen und gut verrühren, damit sich der Zucker auflöst. 3 Minuten kochen, bis die Masse etwas dicklich und sirupartig wird. Bis zur Verwendung beiseitestellen. Die Limettenschale erst unter den Sirup rühren, wenn dieser über den Kuchen gegossen wird! Gibt man sie zu früh in den noch heißen Sirup, nimmt er eine traurige graue Farbe an.

6. Kuchen aus dem Ofen nehmen, die Oberfläche sofort mit einem dünnen Stäbchen vielfach einstechen und mit dem warmen Limettensirup begießen.

7. Vor dem Herauslösen aus der Form den Kuchen völlig erkalten und allen Sirup aufsaugen lassen.

8. Ich serviere ihn einfach so. Er kann auch mit etwas geschmolzener weißer Schokolade und frischen Limettenzesten oder mit frischen Himbeeren garniert und mit Puderzucker bestäubt werden.

HOHE MINI-VICTORIA-SANDWICHES

mit Erdbeersahne

Dieser Kuchen ist so königlich, wie ein Kuchen nur sein kann! Ursprünglich wurde er für Queen Victoria gebacken, deren Regierungszeit die unglaubliche Spanne von 64 Jahren betrug, und zwar von 1837 bis 1901. In dieser Zeit kam auch der Begriff „Afternoon Tea" auf, der berühmte Nachmittagstee. Die Geschichte weiß zu berichten, dass eine von Queen Victorias Hofdamen, Anne, Duchess of Bedford, jeden Nachmittag gegen 16 Uhr einen leichten Schwächeanfall erlitt. Wir würden heute sagen, sie litt unter einer „Unterzuckerung", und was gibt es da Besseres als eine Tasse Tee und ein Stückchen Kuchen! Mit der Zeit wurde der Afternoon Tea zu einem täglichen Ritual und gesellschaftlichen Ereignis, zu dem sich die Damen jeden Nachmittag in Schale warfen und zu einer gepflegten Tasse Tee, winzigen Sandwiches, Keksen und Kuchen trafen. Das Grundrezept für den Victoria-Sandwichkuchen ist, wie man so sagt, idiotensicher. Nachfolgend meine Variante.

ZUTATEN FÜR DEN KUCHEN

115 g Butter (Zimmertemperatur)
115 g feiner Zucker
2 Eier (Größe M)
115 g Mehl
1 TL reiner Vanilleextrakt (ersatzweise gemahlene Vanille)
1 TL Backpulver
1 Prise Salz

FÜR DIE FÜLLUNG UND DIE GARNITUR

200 ml Crème double oder Schlagsahne
½ TL reiner Vanilleextrakt (ersatzweise gemahlene Vanille)
2 EL feiner Zucker plus etwas zum Bestreuen
10 große Erdbeeren
6 frische Minzezweige

ZUBEREITUNG

* Ergibt 6 hohe Mini-Victoria-Sandwiches
* Man braucht 1 Muffinform mit 12 mittelgroßen Mulden oder 12 einzelne, mindestens 3 cm tiefe Törtchenformen mit 5 cm Durchmesser
* Für einen großen Victoria-Sandwichkuchen die doppelten Zutatenmengen verwenden und den Teig in 2 runde Kuchenformen mit 20 cm Durchmesser backen.

1. Den Backofen auf 180 °C vorheizen. Den Boden jeder Form mit einem runden Stück Backpapier auslegen, die Seiten fetten.
2. Die Butter mit dem Zucker schaumig rühren, bis die Masse blass und cremig ist. Die Eier leicht verquirlen und nach und nach zu der Mischung geben. Wenn die Masse anfängt zu gerinnen, etwas Mehl zugeben.
3. Vanille einrühren, das Mehl mit Backpulver und Salz auf die Mischung sieben und vorsichtig unterheben. Zuletzt 1 EL kochendes Wasser unterrühren.
4. Den Teig auf die 12 Förmchen verteilen und 10–12 Minuten backen, bis sich die kleinen Kuchen bei Fingerdruck elastisch anfühlen. Auf einem Kuchengitter völlig abkühlen lassen.
5. Die Crème double mit Vanille und Zucker schlagen, ein Drittel davon in einen Spritzbeutel mit kleiner Tülle mit gewelltem Rand füllen.
6. Die Erdbeeren waschen, trocken tupfen, entstielen und würfeln. Die Minze waschen, trocken tupfen und sehr fein hacken. Jeweils die Hälfte unter die restliche Sahne rühren.
7. Jeden kleinen Kuchen waagrecht in der Mitte durchschneiden und von der Erdbeersahne jeweils auf der unteren Hälfte eine kleine Menge verteilen, dann die andere Hälfte daraufsetzen. Die Oberseite mit etwas Sahne bestreichen und den nächsten Doppeldecker darauf setzen, sodass ein Mini-Kuchen mit 4 Schichten entsteht. Den Vorgang mit den übrigen Kuchen wiederholen.
8. Eine Sahnerosette oben auf jeden Kuchen spritzen, mit einigen Erdbeerwürfeln und etwas Minze garnieren. Zum Schluss mit etwas Zucker bestreuen.
9. Die Kuchen schmecken frisch am besten, er kann aber auch bis zum nächsten Tag in einem luftdicht verschlossenen Behälter im Kühlschrank aufbewahrt werden.

ROSENBLÄTTERKUCHEN

mit Mandeln

Geburtstagskuchen sind meine Lieblingskreationen, da man sie in jede erdenkliche Form bringen kann: Ein Hubschrauber oder Schlachtschiff geziemt sich beispielsweise für einen noch sehr jungen Prinzen. Etwas viel Einfacheres wie dieser hübsche rosa Kuchen, der mit Rosenblättern bestreut ist, eignet sich perfekt für eine besondere Mutter oder Großmutter. Es macht Spaß, sie zu backen, und einige stellen handwerklich eine echte Herausforderung dar, wenn man nur essbare Materialien verwenden kann. Ich erhielt einmal den Auftrag, einen Raketenkuchen für das Fest zum dritten Geburtstag eines Großneffen der Königin zu backen. Ich schlug jede Vorsicht in den Wind und kreierte eine eindrucksvolle rote, drei Fuß hohe Konstruktion aus Butter, Zucker, Mehl und Eiern, die ich anschließend 50 Meilen bis London transportieren musste ... Ein gewagtes und nervenaufreibendes Unterfangen. Meine wunderbare Nichte Katy bot ihre Hilfe an und saß die ganze Fahrt über (wie versteinert) mit dem Kuchen auf dem Schoß und jammerte jedes Mal laut, wenn wir um eine Kurve fuhren und der Kuchen sich bedenklich zur Seite neigte. Aber wir kamen alle unversehrt und pünktlich zum Start der Rakete an!

ZUTATEN FÜR DIE KANDIERTEN ROSENBLÄTTER

1 Eiweiß

1 Handvoll rosafarbene oder weiße Rosenblätter

55 g feiner Zucker

FÜR DEN KUCHEN

225 g Butter

5 Eier (Größe M)

225 g feiner Zucker

125 g Mehl

1 ¼ TL Backpulver

125 g gemahlene Mandeln

1 TL Mandelaroma (nach Belieben)

wenige Tropfen rosa Lebensmittelfarbe

1 kleines Glas Rosenblütengelee

FÜR DEN ROSENGUSS

285 g weiche Butter plus etwas für die Formen

570 g Puderzucker

1 TL Rosenwasser

wenige Tropfen rosa Lebensmittelfarbe

etwa 2 EL Milch

FÜR DIE VERZIERUNG

etwa 50 Stangen oder Röllchen aus weißer Schokolade

ZUBEREITUNG

* Ergibt 10–12 Portionen
* Man braucht 2 runde Kuchenformen mit 20 cm Durchmesser

1. Die kandierten Rosenblätter einen Tag vor dem Kuchenbacken zubereiten. Dafür das Eiweiß schlagen, jeweils ein Rosenblatt nehmen, beide Seiten mit Eiweiß bestreichen, dann Zucker aufstreuen. Jedes Blatt mit einer Pinzette halten und überschüssigen Zucker abschütteln. Auf einem Kuchenrost oder Backpapier 24 Stunden trocknen lassen.

2. Den Backofen auf 180 °C vorheizen. Die beiden Backformen buttern und den Boden jeweils mit einem rund zugeschnittenen Backpapier auslegen.

3. Die Eier trennen. Die Butter mit dem Zucker schaumig rühren, bis die Masse hell, leicht und locker ist. Die Eigelbe zugeben und gut verrühren.

4. Mehl und Backpulver über die Kuchenmischung sieben. Mit einem großen Metalllöffel möglichst locker unterheben.

5. Die gemahlenen Mandeln, den Mandelextrakt und etwas rosa Lebensmittelfarbe unterheben.

6. Die Eiweiße schlagen, bis sie weiche Spitzen bilden und in 3 Portionen vorsichtig unter den Teig heben. Die Mischung auf die Backformen verteilen.

7. 15–20 Minuten backen, auf Fingerdruck soll sich der Kuchen elastisch anfühlen.

8. Während der Kuchen im Ofen ist, die Buttercreme zubereiten. Dafür Butter und Puderzucker in einer Schüssel mischen und mit einem elektrischen Handrührgerät einige Minuten schlagen. Rosenwasser, rosa Lebensmittelfarbe und soviel Milch zugeben, dass eine cremige, streichfähige Konsistenz entsteht.

9. Kuchen aus dem Ofen nehmen, ein paar Minuten in den Formen abkühlen lassen, dann herausnehmen und auf einem Kuchengitter völlig erkalten lassen.

10. Jeden Kuchen in der Mitte waagrecht durchschneiden und jeden mit Buttercreme und etwas Rosenblütengelee bestreichen. Die Kuchen aufeinandersetzen.

11. Die restliche Buttercreme auf der Oberseite und an den Rändern sorgfältig und schön glatt verstreichen. Die weißen Schokoröllchen außen rundherum um den Rand verteilen.

12. Direkt vor dem Servieren mit Rosenblättern bestreuen und, falls passend, Geburtstagskerzen aufstecken. In einem luftdicht verschlossenen Behälter 3 Tage haltbar (die Rosenblätter halten sich nicht so lange).

2/6

SAFTIGES FRÜCHTEBROT

mit Zuckersirup

Die Seite in meinem handgeschriebenen Rezeptbuch, auf der dieses Rezept steht, ist inzwischen lose, eingerissen, ziemlich fettig und sehr fleckig von den vielen Malen, die sie genutzt wurde. Das saftige Früchtebrot war wie ein Grundnahrungsmittel, das bei uns immer in der Vorratskammer stand und das häufig sogar bei Königlichen Staatsbesuchen ins Ausland mit auf Reisen ging. Es passt gut zu einer schnellen Tasse Tee und lässt sich ebenso gut zusammen mit einem Sandwich als Lunchpaket mitnehmen. In der Regel habe ich die Rosinen und Sultaninen verwendet, die in der Vorratskammer waren. Als ich die Zutaten für das Fotoshooting zu diesem Buch einkaufte, entdeckte ich jedoch interessante Trockenfrüchte, die besonders dick und saftig waren. Es lohnt sich absolut, im Supermarkt nach großen, meist aus Südafrika stammenden Rosinensorten wie den goldenen Weinbeeren Ausschau zu halten.

ZUTATEN FÜR DEN KUCHEN

175 g weiche Butter
175 g Mascovado-Zucker
3 Eier (Größe M)
210 g Mehl plus etwas zum Bestäuben
2 TL Backpulver
1 Prise Salz
2 TL Mixed Spice
(engl. Gewürzmischung aus Koriander, Zimt, Piment, Muskat, Ingwer und Nelken, ersatzweise Lebkuchengewürz)
115 g kandierte Kirsche
115 g Sultaninen
115 g Rosinen

FÜR DEN ZUCKERSIRUP

50 g feiner Zucker
1 TL reiner Vanilleextrakt
(ersatzweise gemahlene Vanille)
1 Zimtstange

ZUBEREITUNG

* Ergibt 1 Früchtebrot mit etwa 12 Scheiben
* Man braucht 1 Kastenform (20 cm Länge)

1. Den Backofen auf 160 °C vorheizen. Boden und Ränder der Backform mit Backpapier auslegen.
2. Die Butter mit dem Zucker schaumig rühren, bis die Masse hell, locker und leicht ist. Die Eier einzeln unterrühren, etwas Mehl zugeben, falls die Mischung zu gerinnen beginnt.
3. Das Mehl mit dem Backpulver und dem Salz auf die Mischung sieben, Gewürzmischung zugeben und gut mischen.
4. Die kandierten Kirschen abwaschen, um den Sirup zu entfernen, abtrocknen, halbieren und leicht mit Mehl bestäuben (damit sie nicht im Teig nach unten sinken). Zuletzt alle Früchte unterrühren.
5. Den Teig in die vorbereitete Form füllen und 50–60 Minuten backen.
6. Während der Kuchen im Ofen ist, den Sirup zubereiten. Dafür alle Zutaten mit 120 ml Wasser in einen kleinen Topf mit schwerem Boden geben. Unter Rühren erhitzen, bis sich der Zucker aufgelöst hat, dann 4 Minuten köcheln lassen. Die Zimtstange bis zur Verwendung im Sirup liegen lassen.
7. Den Kuchen aus dem Ofen nehmen und noch warm mit dem Zuckersirup überziehen.
8. Nach etwa 30 Minuten den Kuchen aus der Form nehmen und auf einem Kuchengitter auskühlen lassen. In einem luftdicht verschlossenen Behälter ist der Kuchen 2 Wochen haltbar.

FASCINATORS

einfach königlich

Fascinators – kleine festliche Haargestecke oder -reifen – sind heute wieder „in". Sie werden überwiegend bei Hochzeiten oder natürlich zu einer Königlichen Gartenparty getragen. Gut zu wissen, sollten Sie das Glück haben, zu einer eingeladen zu werden. Ich erinnere mich an meinen berühmtesten Fascinator, den ich im April 2005 bei der Hochzeit IKH des Prince of Wales und der Duchess of Cornwall trug. Ich hatte aus Federn, Stacheln vom Stachelschwein und einem kleinen Schleier eine passende Komposition gestaltet. Stellen Sie sich meine Überraschung vor, als ich Wochen später SKH traf und er mich zu meinem viel fotografierten Fascinator ansprach. Anscheinend war ich auf einigen Fotos von diesem Ereignis zu sehen gewesen. Erfreut erklärte ich ihm, wie ich diesen Fascinator auf meinem Küchentisch selbst hergestellt hatte. Er lachte bei dieser Geschichte. Zumindest kann ich sagen, es war ein maßgefertigtes absolutes Einzelstück. Hier nun ein einfaches Beispiel mit frischen Blüten, das Sie auf Ihrem Küchentisch anfertigen können.

MATERIAL

Orchideen – Cymbidium „Jungle Trail"
Pfingstrosen – Paeonia
Heißklebepistole
Haarreif

Die Blumen nach Wahl vorsichtig behandeln, Orchideen sind besonders gut geeignet, sofern sie in den letzten zwölf Stunden gut gewässert wurden.

Die Heißklebepistole erhitzen. Einen Tropfen Kleber auf die Unterseite jeweils einer Blüte tropfen lassen und vorsichtig auf den Haarreif drücken, bis sie fest darauf klebt. Falls Sie den Fascinator einen Tag, bevor Sie ihn tragen wollen herstellen, bewahren Sie ihn im Gemüsefach des Kühlschranks auf.

IKH Herzogin Camilla anlässlich ihrer Hochzeit mit einem Fascinator, der an Kornähren erinnert.

Galeries
BAUDIS
3 BOULEVARD SAINT

HANDSTRAUSS

kompakt und zeitgemäß

SKH der Prince of Wales und seine Söhne bestellten häufig Blumen als Geschenk zu einem offiziellen Anlass oder als persönliches Mitbringsel. Ich band in solchen Fällen ein Bouquet, das sich leicht transportieren ließ.

MATERIAL

Kleine Terracottatöpfe, mit Moos gefüllt
Rose „Amnesia" – Rosa
Rose „Majolica"– Rosa
Wolfsmilch – Euphorbia
Moos
Birkenzweige

Ein Hubschrauberflug mit Blumen im Gepäck konnte recht knifflig sein, daher tendierte ich in diesen Fällen eher zu einem Handstrauß in einem geflochtenen Ring – eine kompakte und schmucke Lösung. Ein solcher Strauß konnte von einer Privatsekretärin auf der Reise problemlos gehalten werden.

Nachfolgend ein Modell zum Nachmachen. Birkenzweige, die zu einem Ring gebunden sind, bilden den Rahmen, der mit einem zeitgemäßen Strauß als Willkommensgeschenk gefüllt wird.

KANDIERTE VEILCHEN

kunstvoll und köstlich

Die Kunst, Veilchen zu kandieren, reicht viele, viele Jahre zurück, als man Kuchen und Desserts noch auf diese Weise dekorierte. Ich liebe es, wenn jedes Jahr von der südlichsten Spitze Cornwalls die Kisten mit Veilchen eintreffen. Dort gibt es eine einfache, geschützt liegende Wiese, auf der ein kleines Beet wunderbarer Veilchen gehegt und gepflegt wird. Vor Jahren war diese Gegend eine kleine Oase für die Fischer, wo sie als zusätzliche Einnahmequelle, wenn sie nicht auf See waren, Blumenbeete anlegten. Die Blumenkisten fanden ihren Weg auf Karren und schließlich per Bahn nach Covent Garden, um auf dem berühmten Londoner Blumenmarkt verkauft zu werden.

MATERIAL

30–40 frische süße Veilchen
1 Eiweiß
Zucker

Ich pflückte oft essbare Blüten und Blätter für die Köche der Königlichen Küche als Dekoration für Salate, aber auch für Canapés und Desserts. Das Kristallisieren von Veilchen mit Eiweiß und Zucker, um diese bis zur späteren Verwendung aufzubewahren, ist ein sehr befriedigender Zeitvertreib, den ich besonders liebe.

1. Die Veilchen mit den Stängeln auf ein mit Backpapier ausgelegtes Backblech oder ein Kuchengitter legen.
2. Das Eiweiß leicht schaumig schlagen.
3. Mit einem kleinen Pinsel die Blüten rundherum mit Eiweiß bestreichen. Am besten geht es mit einem kleinen Pinsel.
4. Jede Blüte rundherum mit Zucker bestreuen. Der Zucker muss auf dem Eiweiß festkleben, bevor dieses trocknet.
5. An einem trockenen warmen Ort fest werden lassen.
6. Die völlig getrockneten Blüten sind leicht zerbrechlich, also sehr sorgfältig damit umgehen.
7. In verschlossenen Gläsern, vor direktem Sonnenlicht geschützt, sind die Veilchen 2 Monate haltbar.

ESSEN FÜR KINDER

Bio-Leckereien für kleine Leute

TRADITIONELLES ENGLISH BREAKFAST
IM MINIFORMAT

TOMATENSUPPE
MIT TEDDYBÄR-KÄSECROÛTONS

KLEINER WÜRSTCHENMANN
IM KARTOFFELPÜREE-BETT

ORZO MIT PESTO UND PARMESANCHIPS

SCHNELLER „SONNTAGSBRATEN“

MÄUSE-CUPCAKES

ORANGEN-, ZITRONEN-
UND LIMETTENSPALTEN AUS WACKELPUDDING

IGEL-, MAUS- UND SCHNECKENBAISERS

SIRUPTÖRTCHEN

SCHNELLE VANILLE-EISCREME

MINIATURGARTEN

TERRAKOTTAMÄNNCHEN

TRADITIONELLES ENGLISH BREAKFAST

im Miniformat

Als Kind liebte ich alles im Miniformat und ich denke, so geht es den meisten Kindern. Ein komplettes englisches Frühstück ist viel zu reichlich, als dass es kleinere Kinder bewältigen können. Dieses „üppige" Mini-Frühstück wird die kleinen Persönchen aber in Versuchung bringen. Es ist die perfekte Grundlage für einen Tag voller Geheimmissionen, die junge Abenteurer im Wald oder beim Schneemannbauen zu erfüllen haben!

ZUTATEN

4–8 Bio-Cocktailwürstchen vom Schwein
mildes Bio-Olivenöl
3 Scheiben geräucherter Bio-Bacon
4 Bio-Kirschtomaten (oder aus der Region)
1 Prise Salz
1 Prise Zucker
2 Bio-Wachteleier (falls nicht erhältlich ersatzweise Bio-Eier Größe S)
Bio-Butter zum Braten
1 Bio-Minibrioche oder Bio-Minibaguette
Petersilie zum Garnieren

ZUBEREITUNG

* Ergibt 2 Portionen, die Mengen können je nach Appetit und Kind jedoch angepasst werden
* Man braucht 6 Cocktailspieße

1. Die Würstchen anstechen und in wenig Öl in einer antihaftbeschichteten Pfanne etwa 10 Minuten braten, bis sie schön gebräunt und knusprig sind. Warm stellen.

2. Jede Baconscheibe halbieren, aufrollen und mit einem Cocktailspieß zusammenhalten. In der Pfanne knusprig braten. Warm stellen.

3. Jede Tomate waschen, mehrfach einstechen, in etwas Olivenöl wälzen und mit je 1 Prise Salz und Zucker bestreuen. Zusammen mit dem Speck in der Pfanne weich braten. Warm stellen.

4. Zuletzt die Wachteleier als Spiegeleier in Butter braten und die Brioche oder das Baguette in Scheiben schneiden und rösten.

5. Auf zwei vorgewärmten Tellern anrichten: Die Eier auf je ein Stück getoastetes Brot legen, die Würstchen, Speckröllchen und Tomaten außen herum anrichten. Mit je einem kleinen Petersilienstängel garnieren.

Ich habe jede Minute geliebt, die ich für Prinz William und Prinz Harry kochen durfte. In Zukunft wird ein anderer junger Küchenchef das wunderbare Privileg haben, für den kleinen Prinzen der nächsten Generation zu kochen.

TOAST & MARMALADE · KEDGEREE ·

TOMATENSUPPE

mit Teddybär-Käsecroûtons

Kindern gefällt das Außergewöhnliche, das die Teddy-Croûtons und das Schälchen mit geriebenem Käse, den sie in die Suppe streuen können, bieten. Ich denke, eine große Schale mit gesunder Suppe wandert sehr viel bereitwilliger in einen Kindermagen mit ein wenig Ablenkung! Soweit möglich verwende ich beim Kochen für Kinder Bio-Zutaten. Das allerbeste ist meiner Meinung nach jedoch, wenn Sie Ihr eigenes Gemüse anbauen, auch wenn es nur in Töpfen auf der Fensterbank in der Küche oder dem Balkon ist. Tomaten, Basilikum und Thymian gedeihen gut im Topf. Das Pflegen, Ernten, Zubereiten und anschließende Aufessen von Produkten, die man selbst gezogen hat, ist für Erwachsene wie Kinder äußerst befriedigend!

ZUTATEN

1 Bio-Zwiebel
1 Bio-Möhre
½ Bio-Lauchstange
3 EL mildes Bio-Olivenöl
1 Dose (800 g) gehackte Bio-Tomaten
2 Bio-Thymianzweige
Salz
frisch gemahlener schwarzer Pfeffer
2 TL brauner Zucker

FÜR DIE CROÛTONS

6 Scheiben Bio-Vollkornbrot
etwas weiche Bio-Butter
50 g Bio-Cheddar (ersatzweise Gouda)

ZUM SERVIEREN

60 g griechischer Bio-Joghurt
etwas Bio-Cheddar
6 Basilikumstängel, vorzugsweise griechischer Basilikum mit sehr kleinen Blättchen

ZUBEREITUNG

***** Ergibt 6 Kinderportionen

1. Zwiebel schälen und fein würfeln, Möhre schälen und fein reiben, Lauch waschen und fein hacken. Das Olivenöl in einem Topf mit schwerem Boden erhitzen, Zwiebel, Möhre und Lauch zugeben. Gut rühren und dann zugedeckt 5–10 Minuten anschwitzen, damit das Gemüse weich wird, ohne zu viel Farbe anzunehmen.

2. Tomaten und Thymian zugeben, mit Salz, Pfeffer und Zucker würzen. Leicht aufkochen und zugedeckt weitere 30 Minuten köcheln lassen, dabei gelegentlich umrühren.

3. Etwas abkühlen lassen, anschließend die Hälfte der Suppe mit einem Stabmixer oder Mixer zu einer glatten cremigen Konsistenz pürieren. Die pürierte Suppe wieder in den Topf geben und alles gut verrühren. Manche Kinder essen lieber eine glatte Suppe, ohne Stückchen darin, in diesem Fall pürieren Sie die gesamte Suppe.

4. Für die Croûtons den Backofen auf 180 °C vorheizen. Die Brotscheiben auf beiden Seiten mit Butter bestreichen. Mit einem Teddy-Ausstecher (oder einem Ausstecher in Form einer Eisenbahn oder eines Hasen – was Ihr Kind am liebsten mag) für jedes Kind 3–4 Croûtons ausstechen. Den Käse sehr fein reiben und daraufstreuen, auf ein Backblech legen und 10–12 Minuten knusprig und goldbraun backen.

5. Die Suppe in vorgewärmten Schälchen anrichten, mit je 1 TL griechischem Joghurt und etwas frischem Basilikum garniert. Jeweils ein Schälchen mit fein geriebenem Cheddar und den Teddy-Croûtons dazu servieren. Viele Kinder mögen keine „grünen Sachen" in ihrer Suppe, ich garniere trotzdem mit Basilikum, damit sie mit dem Gedanken vertraut werden, Essen auch hübsch zu präsentieren!

Kinder brauchen selten eine besondere Ermunterung, um sich Würstchen und Kartoffelpüree schmecken zu lassen, dennoch überrasche ich sie gerne mit diesem kleinen Kerl. Im Lauf der Jahre hat er auf manches Kindergesicht ein Lächeln gezaubert, hat schon die Tische in vielen Kindergärten geschmückt, sich aber auch zu manch einem Picknick hinausgewagt (als kalter Würstchenmann!). Er ist ganz einfach zu machen. Sie sollten den Kindern aber dabei helfen, die Cocktailspieße herauszuziehen, die ihn zusammenhalten!

KLEINER WÜRSTCHENMANN

im Kartoffelpüree-Bett

ZUTATEN

leichtes Bio-Olivenöl
10 Bio-Cocktailwürstchen vom Schwein
6 kleine Stücke Bio-Brokkoli
Salz
2 Bio-Kirschtomaten
2 Bio-Pilze oder 2 Bio-Gurken-Endstücke

FÜR DAS KARTOFFELPÜREE

340 g mehlig kochende Bio-Kartoffeln
Salz
75 ml Bio-Milch
30 g Bio-Butter
frisch gemahlener schwarzer Pfeffer
frisch geriebene Muskatnuss

ZUBEREITUNG

* Ergibt 2 Portionen
* Man braucht 6 Cocktailspieße

1. Olivenöl in einer Pfanne mit Antihaftbeschichtung erhitzen und die Würstchen etwa 10 Minuten von beiden Seiten braten, bis sie schön braun und knusprig sind. Anschließend warm stellen.
2. Während die Würstchen braten, die Kartoffeln schälen, würfeln und in kochendem Salzwasser sehr weich kochen. Sorgfältig abgießen.
3. Milch und Butter in den Topf geben, in dem die Kartoffeln gekocht wurden und aufkochen. Die Kartoffeln zufügen und 1 Minute kochen lassen.
4. Mit einer Gabel oder einem Kartoffelstampfer zu einem sehr glatten Püree verarbeiten und leicht würzen. Ich glaube, es ist wichtig, Essen für Kinder sorgfältig zu würzen und ihnen keine faden Speisen vorzusetzen. Ich verwende sparsam Salz, etwas frisch gemahlenen Pfeffer und fein geriebene Muskatnuss, die den Kartoffeln einen sehr feinen Geschmack gibt.
5. Den Brokkoli in kochendem Salzwasser kurz kochen.
6. Zum Zusammensetzen der Würstchenmänner braucht man je ein Würstchen als Körper, an einem Ende werden jeweils mit Cocktailspießen die Beine und am anderen Ende die Arme angefügt. Für die Köpfe je eine Tomate verwenden, auf der entweder je ein Pilz- oder ein Gurkenhut sitzt. Köpfe und Hüte wiederum mit Cocktailspießen am Körper befestigen.
7. Zum Anrichten auf zwei vorgewärmte Teller je einen ordentlichen Klecks Kartoffelpüree geben und die Würstchenmänner daraufsetzen, legen oder an einen hohen Berg Püree gelehnt stellen. Mit je 3 Stück Brokkoli garnieren und sofort servieren. Ich serviere sie in der Regel mit einem kleinen Schälchen Bio-Tomatenketchup.

IKH die Princess of Wales mit den jungen Prinzen in den Ferien auf Mallorca zu Besuch beim spanischen Königshaus.

ORZO MIT PESTO

und Parmesanchips

Besonders, wenn Sie bereits hausgemachtes Pesto im Kühlschrank haben, ist dies ein schnell und einfach zubereitetes Abendessen für Kinder und daneben die einzige mir bekannte Möglichkeit, die Kleinen dazu zu bringen, frische Kräuter in größeren Mengen zu essen! Lassen Sie die Kinder beim Zubereiten des Pestos helfen. Meine Tochter Lucy liebt es, die Basilikumblätter von den Stängeln zu zupfen und inzwischen mag sie auch den Basilikumgeruch an ihren Händen. Ich glaube, wenn Kinder alle Eigenschaften von Lebensmitteln zu schätzen lernen, also Geschmack, Konsistenz, Farbe und Geruch, dann ist dies die beste Basis dafür, beim Essen Abenteuerlust zu entwickeln – sowohl bei der Zubereitung als auch beim Essen selbst! Kommen Sie nicht in Versuchung, fertiges Pesto zu kaufen. Es ist so einfach selbst herzustellen und schmeckt um Welten besser. Sie können bei den Kräutern variieren. Manchmal füge ich Petersilie, Minze oder Rucola hinzu, alle diese Kräuter verleihen dem Pesto ein köstliches Aroma.

ZUTATEN FÜR DAS PESTO

(Man braucht nur 6 EL davon, kleinere Mengen lassen sich in der Küchenmaschine aber nicht gut zubereiten. Was zu viel ist, hält sich im Kühlschrank gut eine Woche.)

30 g Bio-Pinienkerne

50 g Bio-Parmesan

1 kleine Bio-Knoblauchzehe

50 g Bio-Basilikumblätter

75 ml (6 EL) natives Bio-Olivenöl plus etwas zum Bedecken

frisch gemahlener schwarzer Pfeffer

FÜR DIE PARMESANCHIPS

50 g Bio-Parmesan

ZUM SERVIEREN

85 g Bio-Orzo (Nudeln in Reiskornform)

Salz

50 ml (4 EL) Bio-Sahne oder Bio-Crème-fraîche

Basilikumstängel

ZUBEREITUNG

* Ergibt 2 Portionen
* Man braucht 1 mittelgroßes Backblech, entweder ein Antihaftblech oder ausgelegt mit einer Silikonmatte oder Backpapier

1. Für das Pesto die Pinienkerne im Backofen leicht rösten, den Parmesan fein reiben und den Knoblauch schälen und zerdrücken. Alles in einen Mixer oder eine Küchenmaschine geben und zu einer glatten Konsistenz verarbeiten.

2. Basilikum, Olivenöl und etwas Pfeffer zugeben. Wieder zu einer glatten Paste verarbeiten.

3. In ein Schraubglas füllen und mit einer Schicht Olivenöl bedecken (um eine Verfärbung zu verhindern und die Haltbarkeit zu verlängern). Den Backofen auf 180 °C vorheizen.

4. Für die Parmesanchips den Parmesan rein reiben und 6 kleine Parmesanhäufchen auf das Backblech oder die Silikonmatte setzen. Jedes Häufchen zu einem Kreis mit etwa 8 cm Durchmesser verstreichen. Diese Parmesankreise sollten möglichst keine Löcher enthalten, sonst brechen die fertigen Chips sehr leicht.

5. 10–12 Minuten backen, bis der Käse geschmolzen ist und die Chips etwas Farbe annehmen. Noch 1 Minute auf dem Backblech abkühlen lassen, anschließend vorsichtig mit einem Palettenmesser vom Blech lösen und über ein Nudelholz legen, damit sie beim Festwerden die gebogene Form annehmen. Diese Chips am besten am Verwendungstag zubereiten, da sie sonst ihre Knusprigkeit verlieren und zäh werden.

6. Den Orzo 10 Minuten (bzw. nach Packungsanweisung) in Salzwasser kochen und in einem Sieb abgießen.

7. Die Sahne oder Crème fraîche in den Topf geben, in dem der Orzo gekocht wurde und aufkochen. Den Orzo zufügen und zuletzt das Pesto unterrühren.

8. Sofort in vorgewärmten Schälchen servieren. (Wenn Sie das Gericht zu lange stehen lassen, verwandelt sich die schöne kräftige Farbe in ein weniger appetitanregendes Olivgrün!) Mit je einem Parmesanchip und einem kleinen Basilikumstängel garnieren. Weitere Parmesanchips extra anrichten.

SCHNELLER „SONNTAGSBRATEN“

mit Gemüsebeilage

Es gibt für sonntags wohl kaum ein traditionelleres Mittagessen als einen Braten, und der war auf dem Speiseplan der Kinder immer der Favorit. Dieses Rezept ist eine sehr schnelle Möglichkeit, gebratenes Hähnchen zu servieren, wenn nur eine kleine Portion gefragt ist und Sie nicht ein ganzes Huhn braten möchten.

ZUTATEN

2 mittelgroße Bio-Kartoffeln
Salz
50 g Bio-Butter
2 Bio-Hähnchenbrüste
4 Scheiben Bio-Bacon
4 Bio-Mini-Maiskolben
2 kleine Bio-Zucchini
1 große Bio-Möhre
frisch gemahlener schwarzer Pfeffer

ZUBEREITUNG

* Ergibt 2 Portionen

1. Die Kartoffeln schälen, würfeln und in Salzwasser kochen, bis sie noch etwas fest sind. Gut abtropfen lassen und mit 30 g Butter mischen.

2. Den Backofen auf 190 °C vorheizen. Die Haut von den Hähnchenbrüsten entfernen und je 2 Scheiben Bacon um jede Brust wickeln. Den Bacon so wickeln, dass die Enden auf der Unterseite zu liegen kommen. So kann sich der Bacon während des Bratens nicht aufwickeln

3. Etwas Butter auf jeder Hähnchenbrust verstreichen und das Fleisch zusammen mit den Kartoffeln auf das Backblech legen. 25–30 Minuten im Ofen backen.

4. Testen, ob das Hähnchen durchgebraten ist. Hierzu mit einem Spieß einstechen. Wenn der herauslaufende Saft klar und hell ist, ist das Fleisch fertig. Das Hähnchen vor dem Anschneiden 5 Minuten ruhen lassen.

5. Während Hähnchen und Kartoffeln im Backofen sind, die Maiskolben der Länge nach durchschneiden, die Zucchini in schräge Scheiben schneiden, die Möhre schälen und zuerst in Scheiben, dann mit einem kleinen Ausstechförmchen oder dem Messer in Sternform schneiden. Das Gemüse in kochendem Salzwasser kurz blanchieren. Abgießen, salzen, pfeffern und mit etwas Butter mischen.

6. Die Hähnchenbrüste in dünne Scheiben schneiden und auf einem vorgewärmten Teller fächerförmig anrichten. Kartoffeln und Gemüse daneben anrichten. Nach Wunsch mit etwas Bratensauce servieren.

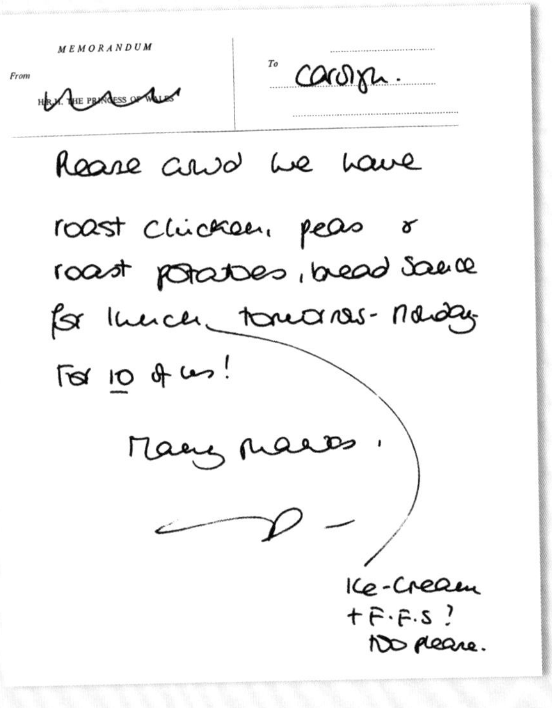
MEMORANDUM
From H.R.H. THE PRINCESS OF WALES
To Carolyn.

Please could we have roast chicken, peas & roast potatoes, bread sauce for lunch tomorrow - Monday for 10 of us!

Many thanks.

D

Ice-cream + F.F.S? too please.

Notiz von IKH Prinzessin Diana, die sich ein einfaches Menü aus Huhn, Bratkartoffeln und Eiscreme zum Mittagessen für zehn Personen wünscht.

ABC

MÄUSE-CUPCAKES

mit Schokoladenglasur

Diese Mäuschen nehmen in meinem Repertoire an Gerichten für Kinder einen ganz besonderen Platz ein, denn sie waren das erste, was ich je für Prinz William und Prinz Harry zubereitet habe. Damals arbeitete ich für IKH Duke und Duchess of Gloucester und ihre drei kleinen Kinder, die im Kensington Palace wohnten und Nachbarn von IKH Prince und Princess of Wales waren. Als die jungen Prinzen zu einem Kindernachmittagstee zu Lady Davina und Lady Rose kamen, war ich sehr aufgeregt bei der Aussicht, für sie etwas zu Essen zu machen. Ich erinnere mich, dass ich zu den Mäusen winzige Sandwiches und einige Mini-Kekse zubereitete.

ZUTATEN FÜR DIE CUPCAKES

2 EL Bio-Kakaopulver
115 g Bio-Mehl
1 TL Backpulver
1 Prise Salz
115 g feiner Bio-Zucker
115 g Bio-Butter (Zimmertemperatur)
2 Bio-Eier (Größe M)
1 TL reiner Vanilleextrakt (ersatzweise gemahlene Vanille)

FÜR DIE SCHOKOLADENGLASUR

85 g Bio-Vollmilchschokolade
85 g weiche Bio-Butter

FÜR DIE GARNITUR

12 Marshmallows
Schokolinsen oder Mandelblättchen für die Ohren
Mandelblättchen, in Streifen geschnitten, für die Schnurrhaare
Mini-Marshmallows für Augen und Nasen
Kleine Schokosternchen oder Schokolinsen zum weiteren Garnieren

ZUBEREITUNG

* Ergibt 12 Mäuse
* Man braucht 12 mittelgroße Papierförmchen und eine Cupcake-Form mit 12 Mulden oder kleine einzelne Törtchenformen

1. Den Backofen auf 190 °C vorheizen. Die Papierförmchen in die Cupcake-Form stellen.

2. Für die Cupcakes Kakaopulver, Mehl, Backpulver und Salz in eine Rührschüssel sieben. Zucker, Butter, Eier und Vanilleextrakt zugeben. Mit der Hand oder einem elektrischen Handrührer gründlich zu einer glatten Masse rühren.

3. Die Mischung auf die Papierförmchen verteilen und 12–15 Minuten backen, bis sie auf Fingerdruck nachgeben. Abkühlen lassen.

4. Für die Schokoladenglasur die Schokolade schmelzen und mit der Butter zu einer sehr glänzenden, gießfähigen Mischung verrühren.

5. Die Mäuse zusammensetzen. Falls die Cupcakes beim Backen in der Mitte höher aufgegangen sind, die Oberseite zu einer glatten Fläche schneiden. Einen kleinen Klecks Schokoglasur oben in die Mitte setzen und jeweils ein Marshmallow als Kopf daraufsetzen. Marshmallow und Cupcake rundum mit der Schokoglasur überziehen.

6. Bevor die Schokolade fest wird, die Mini-Marshmallows als Augen und Nase an jeden Mäusekopf drücken. Ebenso die Ohren und Schnurrhaare anbringen. Mit den Sternchen oder Schokolinsen die Cupcakes nach Wunsch noch weiter verzieren. Sie sind in einem luftdicht verschlossenen Behälter 4 Tage haltbar.

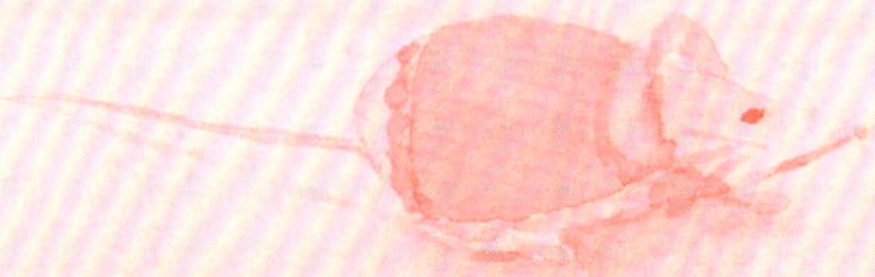

ORANGEN-, ZITRONEN- UND LIMETTENSPALTEN

aus Wackelpudding

Partyfood! Kinder lieben diese schwabbeligen Puddings in kräftigen Farben, die auf jedem Partytisch ein bunter, glänzender Blickfang sind. Sie sind einfach und schnell aus frischen Früchten und Gelatine zubereitet. Nach meiner Erfahrung ist Wackelpudding aus der Tüte auf Kinderfesten aber beliebter. Wählen Sie zuckerfreie Wackelpuddings, wenn Sie eine etwas gesündere Variante anbieten möchten.

ZUTATEN

2 Bio-Orangen

2 große, gleichmäßig geformte Bio-Zitronen

2 große, gleichmäßig geformte Bio-Limetten

50 g Götterspeise-Pulver mit Schwarze-Johannisbeere-Geschmack

50 g Götterspeise-Pulver mit Erdbeergeschmack

50 g Götterspeise-Pulver mit Mandarinengeschmack

ZUBEREITUNG

* Ergibt 24 Spalten

1. Die Zitrusfrüchte gründlich heiß abwaschen und abtrocknen. Die Früchte halbieren, Zitronen und Limetten der Länge nach. Alles Fruchtfleisch aus den Schalen entfernen und anderweitig verwenden. Die Schalen innen ausspülen und gründlich trocknen, sonst schmeckt der Wackelpudding äußerst bitter.

2. Die Fruchtschalen auf eine flache Platte legen. Darauf achten, dass sie sich gegenseitig stützen und beim Füllen mit dem Wackelpudding nicht kippen können. Vom Wackelpudding in jeder Geschmacksrichtung 300 ml nach Packungsanweisung zubereiten, jedoch mit etwas weniger Wasser, also etwas konzentrierter als üblich, damit er fester wird und sich besser schneiden lässt.

3. Die Orangen mit Schwarze-Johannisbeere-Wackelpudding füllen, die Limetten mit Mandarinen-Wackelpudding und die Zitronen mit Erdbeer-Wackelpudding. Die Oberflächen in Form von Zitrusfruchtschnitzen schön glatt streichen (siehe Foto). Mehrere Stunden in den Kühlschrank stellen.

4. Direkt vor dem Servieren jede Frucht mit einem sehr scharfen Messer, das zuvor in heißes Wasser getaucht wurde, in der Mitte durchschneiden und sofort servieren!

IGEL-, MAUS- UND SCHNECKENBAISERS

bunt dekoriert

An die gemeinsamen Kochvergnügen mit den Prinzen, als diese noch kleine Jungs waren, denke ich mit großer Freude zurück. Besonders beliebt waren die Baisers bei ihnen. Wie sollte ein Kind auch nicht glücklich sein, ausgerüstet mit einem Spritzbeutel voller herrlich klebriger Baisermasse?

ZUTATEN

4 Bio-Eiweiß (Zimmertemperatur)

225 g feiner Bio-Zucker

½ TL reiner Vanilleextrakt (ersatzweise gemahlene Vanille)

FÜR DIE GARNITUR

Mandelstifte oder -blättchen für die Stacheln

Lakritz- oder Erdbeerschnüre für Schwänze und Fühler

bunte Liebesperlen für die Augen

SUNDAY MIRROR, March 10, 1991

Crash happy Harry!

PRINCE HARRY drove his minder crazy at a fairground yesterday – during a fun-filled ride in a dodgem car.

The fair-haired Prince took the wheel from his lady companion and whooped with joy as their bumper car ploughed into other dodgems. Top targets for the crash-happy Prince were cars carrying his young pals.

Locals visiting the travelling funfair at Tetbury, Gloucestershire – near Harry's Highgrove home – watched amazed as the young Royal's chums had the time of their lives.

Then Harry spent half-an-hour learning about life's up and downs – on the helter-skelter.

EXCLUSIVE PICTURE by DAVID HARTLEY

Es war eine große Überraschung, eines Sonntagmorgens dieses Bild in der Zeitung zu sehen: Am Tag zuvor war ich mit Prinz Harry auf dem Jahrmarkt.

ZUBEREITUNG

* Ergibt 6–8 Stück von jedem Tierchen
* Man braucht 2 mittelgroße Backbleche, 1 Spritzbeutel mit einer 1 ½-cm-Sterntülle für die Igel, einer runden 2-cm-Tülle für die Mäuse und einer runden 1-cm-Tülle für die Schnecken

1. Den Backofen auf 140 °C vorheizen und die Backbleche mit Backpapier belegen.

2. Die Eiweiße in eine große saubere Rührschüssel geben und schlagen, bis sie weiche Spitzen bilden. Langsam den Zucker einrieseln lassen, dabei ständig weiterrühren, bis das Baiser sehr dick und glänzend ist und steife Spitzen bildet.

3. Den Vanilleextrakt unterrühren. Ein Drittel des Baisers in den Spritzbeutel füllen und die 1 ½-cm-Sterntülle aufsetzen.

4. Für einen Igel einen Streifen von 1 cm Länge aufspritzen, dann erneut rückwärts und seitlich darüber spritzen, damit die spitz zulaufende Form entsteht. Zum Schluss die spitze Nase formen, ohne auf den Beutel zu drücken. Jeden Igel mit Augen aus Liebesperlen und einer Menge Stacheln aus Mandelstiften oder in dünne Streifen geschnittenen Mandelblättchen garnieren.

5. Wieder ein Drittel Baisermasse in den Spritzbeutel füllen und die runde 2-cm-Tülle aufsetzen. Um eine Maus zu formen, einen 1 cm langen Streifen spritzen, dann rückwärts erneut darüber spritzen und den Spritzbeutel ohne Druck weiterziehen, um den langen Körper der Maus mit der spitzen Schnauze zu formen. Jede Maus mit Augen aus Liebesperlen und einem hübschen langen Schwanz aus einer Lakritz- oder Erdbeerschnur verzieren.

6. Das letzte Drittel der Baisermasse in den Spritzbeutel füllen und die runde 1-cm-Tülle aufsetzen. Für jede Schnecke einen kleinen Klecks für den Kopf spritzen und anschließend spiralförmig das Schneckenhaus anschließen. Jede Schnecke mit Augen aus Liebesperlen und Fühlern aus kleinen Mandelstiften oder kurzen Lakritzstücken garnieren.

7. Etwa 45 Minuten backen, bis die Tierchen knusprig und durchgebacken sind. Nach etwa 10 Minuten kontrollieren. Wenn die Baisers Farbe annehmen, die Temperatur reduzieren.

8. Die Baisers auf einem Backblech auskühlen lassen. Sie sind in luftdicht verschlossenen Behältern 2 Wochen haltbar.

SIRUPTÖRTCHEN

süß und einfach

Als Prinz Harry noch sehr jung war, habe ich für ihn häufig diese Siruptörtchen gebacken. Ich hatte immer einen Vorrat davon in der Tiefkühltruhe, damit sie im Handumdrehen verfügbar waren. Einmal kam er in die Küche, um mich um ein Törtchen zu bitten und ich empfahl ihm, diese Frage mit IKH Prinzessin Diana zu klären. Kurz darauf kam er wieder mit einem Zettel in der Hand, auf dem in Prinzessin Dianas Handschrift stand: „Mami sagt, es ist okay!" Diesen Zettel habe ich bis heute wie einen Schatz aufbewahrt!

ZUTATEN FÜR DEN TEIG

120 g Bio-Butter
2 EL feiner Bio-Zucker
225 g Bio-Mehl und etwas für die Arbeitsfläche
abgeriebene Schale von 1 Bio-Zitrone
1 Bio-Eigelb (Größe M)

FÜR DIE FÜLLUNG

400 g Golden Syrup (ersatzweise Zuckerrübensirup)
150 g frische Bio-Weißbrotbrösel
abgeriebene Schale und 3 TL Saft von 1 Bio-Orange
2 EL Bio-Crème double oder Bio-Schlagsahne

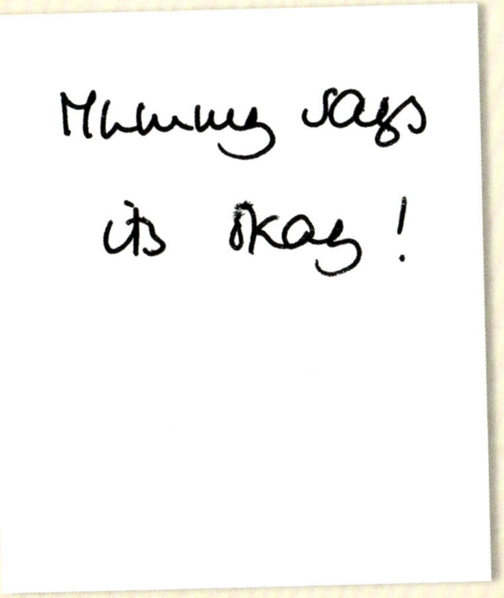

ZUBEREITUNG

* Ergibt 20 Törtchen mit 5 cm Durchmesser
* Man braucht 20 einzelne Törtchenformen oder 2 Muffinformen mit jeweils 12 mittelgroßen Mulden

1. Zuerst den Teig zubereiten. Dazu in der Küchenmaschine Butter, Zucker und Mehl mischen und zu einem krümeligen Teig verarbeiten. Die Zitronenschale direkt in die Schüssel reiben. Eigelb und etwas kaltes Wasser zugeben und mit Intervallschaltung einarbeiten. Noch so viel Wasser zugeben (insgesamt etwa 120 ml), dass der Teig sich verbindet, aber nicht zu lange rühren, sonst wird der Teig zäh und hart.

2. Den Teig aus der Küchenmaschine nehmen und auf einer leicht bemehlten Arbeitsfläche zu einer Kugel formen. In Frischhaltefolie gewickelt 20 Minuten kalt stellen.

3. Währenddessen den Sirup in einem kleinen Topf mit schwerem Boden erwärmen, aber nicht aufkochen lassen. Von der Kochstelle nehmen, Brotbrösel und abgeriebene Orangenschale zufügen und stehen lassen, damit die Brösel den Sirup aufsaugen können.

4. Den Teig aus dem Kühlschrank nehmen und auf einer bemehlten Arbeitsfläche etwa 3 mm dick ausrollen. Aus Backpapier Kreise ausschneiden und die Förmchen damit auslegen, dann den Teig gut in jede Form drücken. Weitere 15 Minuten kalt stellen.

5. Den Backofen auf 180 °C vorheizen. Orangensaft und Crème double mit der Füllung verrühren und auf jedes Törtchen etwas von der Füllung geben.

6. Die Oberseite jedes Törtchens mit kleinen Motiven aus Teig oder einem Netz aus Teigstreifen garnieren. Oder individuelle Törtchen mit Teigbuchstaben für die Namen der Kinder herstellen.

7. Törtchen 15–18 Minuten backen, dann 10 Minuten in den Förmchen abkühlen lassen.

8. Noch warm mit Schlagsahne, Vanillesauce oder Eiscreme servieren oder einfach eines frisch aus dem Ofen direkt in den Mund befördern!

Prinz Harry brachte mir diesen Zettel mit der Erlaubnis seiner Mutter.

SCHNELLE VANILLE-EISCREME

einfach und lecker

Diese Eiscreme ist äußerst schnell und einfach zuzubereiten und man braucht dafür noch nicht einmal eine Eismaschine. Das Eis wird herrlich cremig und zugleich leicht und luftig. Alles, was Sie dafür benötigen, ist Sahne, Zucker, Eier, Vanille und ein guter Schneebesen oder elektrischer Handrührer. Sie werden im Handel keine fertige Eiscreme finden, die so gut ist wie diese! In der Regel habe ich dieses Eis aus Sahne von der Königlichen Molkerei des Windsor Castle zubereitet. Sie war nicht pasteurisiert und die dickste, cremigste und fantastischste Sahne, die man sich vorstellen kann. Geliefert wurde sie in herrlich altmodischen Wachspapierbehältern mit dem Königlichen Wappen darauf. Ich habe es immer als ein enormes Privileg betrachtet, zu so besonderen, einzigartigen Zutaten Zugang zu haben. Das gehörte zu den vielen Dingen, die meinen Job so außergewöhnlich machten.

ZUTATEN

4 Bio-Eier (Größe M; Zimmertemperatur)
115 g feiner Bio-Zucker
1 TL reiner Vanilleextrakt (ersatzweise gemahlene Vanille)
200 ml Bio-Crème-double oder Bio-Schlagsahne

ZUBEREITUNG

* Ergibt etwa 8 reichliche Portionen
* Man braucht 1 Plastikbox mit dicht schließendem Deckel

1. Die Plastikbox in die Gefriertruhe stellen, damit sie kalt wird. Die Eier trennen und die Eigelbe und 90 g Zucker über einem Topf mit heißem Wasser verrühren, bis die Masse blass und sehr dickflüssig ist. Vanilleextrakt zugeben, die Schüssel vom Herd nehmen und weiterrühren, damit die Mischung abkühlt.

2. Die Crème double oder Sahne schlagen, bis sie fest, aber noch geschmeidig ist. Die Eiweiße schlagen, bis sie weiche Spitzen bilden, dann den restlichen Zucker zugeben und weiterschlagen, bis eine sehr dicke und glänzende Baisermasse entstanden ist.

3. Wenn die Eigelbe mit dem Zucker völlig ausgekühlt sind, die Sahne leicht unterheben. Zuletzt den Eischnee in 3 Portionen vorsichtig unterheben, dabei möglichst wenig mischen.

4. Die Masse in die vorgekühlte Box füllen und vor dem Servieren mehrere Stunden einfrieren. Sie hält sich in der Tiefkühltruhe 4 Wochen.

MINIATURGARTEN

für kleine Zauberer

An der Gestaltung eines Miniaturgartens haben auch Kinder viel Freude. Schon das Sammeln des Materials ist aufregend; das eigentliche Anlegen des kleinen Zaubergartens kann sehr bereichernd und lehrreich sein.

MATERIAL

ein Korb oder ein anderes passendes Gefäß

ein kleiner Sack Blumenerde

eine Sammlung kleiner Alpengartenpflanzen. (Ich habe Himmelsschlüssel, Primeln, Buschwindröschen, Steinbrech, wilde Erdbeeren und Alpenveilchen verwendet.)

ein Ast, der Ähnlichkeit mit einem Bäumchen hat

Moos und Flechten zum Dekorieren

einige Terrakottascherben

ein nicht mehr genutztes Vogelnest, falls Sie eines finden, oder Sie basteln selbst eines aus Heu oder Moos

einige dekorative Mini-Vogeleier (Kunststoff, aus dem Bastelgeschäft)

Den Korb zu zwei Dritteln mit Blumenerde füllen. Mit kleinen Pflanzen bepflanzen, dabei bedenken, dass es einem Miniaturgarten ähneln soll.

In die Mitte einen kleinen Zweig stellen. Freie Erde mit Moos und Flechten abdecken.

Tonscherben als Dekoration einfügen.

Das Nest zwischen die Pflanzen oder in den Baum setzen.

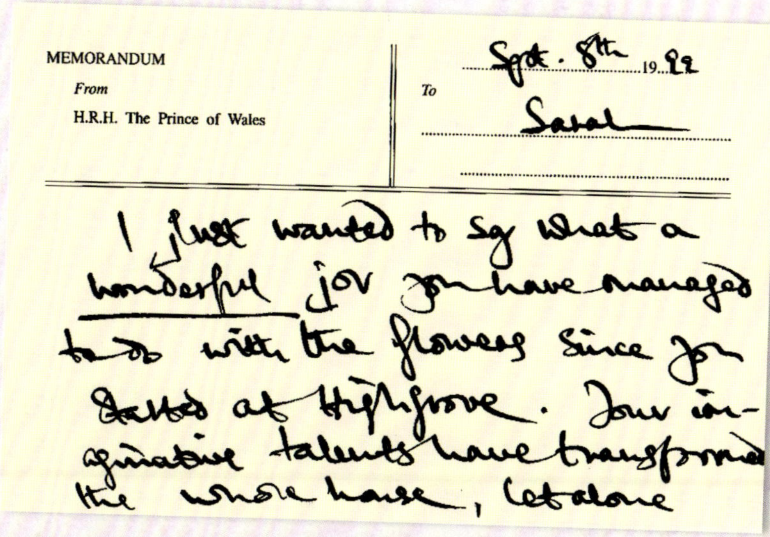

MEMORANDUM

From

H.R.H. The Prince of Wales

Sept. 8th 19 92

To Sarah

I just wanted to say what a wonderful job you have managed to do with the flowers since you started at Highgrove. Your imaginative talents have transformed the whole house, let alone

Lob SKH Prince Charles für die Arbeit und den Blumenschmuck in Highgrove.

TERRAKOTTA-MÄNNCHEN

hübsch frisiert

Terrakotta-Blumentopfmännchen sind sehr einfach herzustellen, auch wenn es auf den ersten Blick kompliziert scheinen mag. Lassen Sie sich Zeit dabei, die Töpfe zu Armen, Beinen, Körpern und Köpfen zusammenzustellen. Das sichere Zusammenfügen dieser „Körperteile" mit starkem Bindfaden oder starker Schnur verlangt etwas Geduld.

MATERIAL

Terrakottablumentöpfe in verschiedenen Größen

starker Bindfaden oder starke Schnur

je 1 Topf für den Kopf, 2 für den Körper und jeweils 3 oder 4 pro Arm und Bein

eine Auswahl an Dichtungsringen aus Metall

Die Blumentöpfe in der Form des Terrakottamännchens auf eine Arbeitsfläche legen.

Zuerst ein ausreichend langes Stück Schnur durch die Entwässerungslöcher im Boden der Töpfe ziehen, die jeweils die Arme und Beine bilden werden. Den ersten Topf sorgfältig sichern, indem die Schnur an einen Dichtungsring geknotet wird und damit einen Befestigungspunkt bildet. Am anderen Ende die Schnur lang genug lassen. (Jeweils ausreichend lange Schnüre erleichtern das Befestigen jedes Armes und Beines am Körper.)

Die Schnüre der Beine durch den unteren Topf des Körpers ziehen und mit einer Dichtungsscheibe sichern. Die Schnüre der Beine durch das Loch im oberen Topf des Körpers ziehen und anschließend den Kopf befestigen. Nun müssen die Schnüre der Arme in den Kopf gezogen und zusammen mit den Schnüren der Beine gesichert werden.

Das erfordert etwas Übung und Geduld, besser geht es mit Kleber an den Rändern. Hierzu eignen sich Heißklebepistolen sehr gut.

Wenn das Männchen fertig ist, setzen Sie es in den Garten und pflanzen in den Topf, der den Kopf bildet, eine kleine Pflanze.

HALTBAR & LECKER

Aus dem Einmachglas

APFELKRAUT

KONFITÜRE AUS GETROCKNETEN APRIKOSEN UND VANILLE

FUDGE

LEMON CURD

ORANGEN-, ZITRONEN- UND LIMETTENSIRUP

REICHHALTIGE SCHOKOLADENSAUCE

EINFACHES APFELCHUTNEY

ERDBEER-MARACUJA-KONFITÜRE

EINE AUSWAHL AN WILDBLUMEN

KRÄUTERSTRÄUSSE

APFELKRAUT

mit Vanille und Orangenschale

Bei einer einmal besonders reichlich ausgefallenen herbstlichen Apfelernte wollte ich die Früchte auf eine neue, andere Weise verwerten. Ich hatte bereits eine Tiefkühltruhe randvoll mit Äpfeln für Apple Pie, Apple Crumble, Apfelkuchen, Apfelmus und alles Erdenkliche gefüllt. Zu dieser Zeit konnte man noch nicht über das Internet im Handumdrehen jede Menge Rezepte finden, daher vertiefte ich mich in einige wunderbare alte Kochbücher und fand dort mehrmals Hinweise auf Apfelkraut. Apfelkraut ist eine hochkonzentrierte Form von Apfelmus, das lange und langsam gekocht wird, sodass der Zucker karamellisieren und die Flüssigkeit verdampfen kann. Die Äpfel verlangen wenig Vorbereitungszeit, sie müssen weder geschält noch entkernt werden. Es reicht, sie zu waschen, in Stücke zu schneiden und einzukochen. Ich habe sehr schöne Erinnerungen an einen eiskalten, feuchten Tag in dem erwähnten Herbst, den ich damit zubrachte, im Stallhof von Highgrove Apfelsaft frisch zu pressen. Wir hatten viele Steigen herrlicher Äpfel und eine traditionelle alte Holzpresse, die wir bei einem Apfelbauern in Somerset, tief im echten „Apfelsaftland" geliehen hatten. Es war eine körperlich anstrengende und schmutzige Arbeit, aber der Apfelsaft war der beste, den ich je probiert habe. Das war einer jener Tage, an denen ich dachte, „ich habe den besten Job der Welt" … und genauso war es auch!

ZUTATEN

1 kg Äpfel
(ich verwende zur Hälfte „Bramley"-Kochäpfel und zur Hälfte Essäpfel wie „Cox" oder „Royal Gala", aber geeignet sind alle Sorten)

250 g brauner Zucker

1 TL reiner Vanilleextrakt
(ersatzweise gemahlene Vanille)

abgeriebene Schale von 1 Bio-Orange

ZUBEREITUNG

* Ergibt etwa 1 kg, je nachdem, wie stark das Apfelkraut reduziert wird
* Man braucht 2 Marmeladen- oder Einmachgläser à 450 g

1. Die Äpfel waschen und trocken reiben, jedoch nicht schälen. Mit den Kerngehäusen in mittelgroße Stücke schneiden.

2. Die Äpfel zusammen mit 250 ml Wasser in einen Topf mit schwerem Boden füllen. Aufkochen, anschließend die Hitze reduzieren und zugedeckt 20–30 Minuten köcheln lassen, bis das Obst sehr weich ist. (Wie lange es dauert, bis die Äpfel weich sind, hängt von der verwendeten Sorte ab.)

3. Durch ein Sieb in eine große Schüssel passieren oder durch eine Flotte Lotte drehen. Das Mus zusammen mit dem Zucker wieder in den gesäuberten Topf füllen, den Zucker gut unterrühren, dann bei sehr schwacher Hitze mindestens 1 Stunde köcheln lassen, dabei häufig umrühren.

4. Gut beaufsichtigen, da die Masse leicht anbrennt, vor allem, wenn der Topf keinen schweren Boden hat.

5. Das Volumen der Äpfel reduziert sich etwa um ein Drittel und die Masse wird allmählich dicklich. Die fertige Mischung ist sehr dick und hat eine cremige Konsistenz.

6. Zuletzt Vanille und Orangenschale unterrühren. In die vorgewärmten und sterilisierten Gläser füllen und vor dem Verschließen komplett abkühlen lassen. Das erkaltete Apfelkraut ist schnittfest.

ABWANDLUNGEN

1. 1 EL gehackten kandierten Ingwer zusammen mit dem Zucker unter das Apfelmus rühren.

2. Für ein köstlich gewürztes Apfelkraut zusammen mit dem Zucker je ½ TL gemahlene Muskatnuss, Zimt und Gewürznelke unter das Apfelmus rühren.

3. Anstelle des Kochwassers 250 ml lieblichen Cider bzw. Apfelwein verwenden. So wird das Apfelkraut etwas säuerlicher.

KONFITÜRE

aus getrockneten Aprikosen und Vanille

Aprikosen und Vanille, das ist eine schlichtweg himmlische Kombination! Bei diesem Rezept bleiben die Vanilleschoten beim Abfüllen in der Konfitüre, sodass sich die Aromen mit der Zeit noch weiter entfalten können. Durch die Verwendung von getrockneten Aprikosen müssen Sie nicht warten, bis die Früchte Saison haben und die Konfitüre bekommt ein köstlich intensives Aroma. Ihre Farbe hängt von den verwendeten Aprikosen ab. Wenn Sie ungeschwefelte Früchte nehmen, die in der Regel das beste Aroma haben, wird sie ziemlich dunkel.

ZUTATEN

450 g getrocknete Aprikosen

3 Vanilleschoten

Saft und abgeriebene Schale von 1 Bio-Zitrone

1,6 kg Gelierzucker 1:1

etwas Butter

ZUBEREITUNG

* Ergibt etwa 3 kg Konfitüre
* Man braucht 6 Konfitürengläser à 450 g mit luftdicht schließenden Deckeln

1. Die getrockneten Aprikosen in kleine Würfel schneiden und die Vanilleschoten aufschlitzen und halbieren. Beides zusammen mit Zitronensaft und -schale und 1 ½ l Wasser in eine große Schüssel geben. Zudecken und 24 Stunden ziehen lassen.

2. In einen großen Topf mit schwerem Boden oder einen Einmachtopf geben und aufkochen. Köcheln lassen, bis die Früchte weich sind. Je nach verwendeten Aprikosen dauert das 20–30 Minuten.

3. Den Zucker zugeben und rühren, bis er sich aufgelöst hat. Aufkochen und weitere 20–30 Minuten sprudelnd kochen.

4. Um zu testen, ob die Konfitüre fertig ist, einen Löffel voll auf einen kleinen Teller tropfen lassen und etwa 5 Minuten ins Tiefkühlfach stellen. Es sollte sich eine Haut und sich beim Durchstreichen mit einem Finger Falten bilden. Solange kochen und testen, bis dieses Stadium erreicht ist.

5. Kurz stehen lassen, dann mit einem großen Metalllöffel den Schaum abschöpfen. Etwas Butter unterrühren, sie löst Schaumreste auf und macht die Konfitüre wunderschön klar.

6. In vorgewärmte, sterilisierte Konfitürengläser füllen. In jedes Glas 1–2 Stück von den Vanilleschoten geben.

7. Völlig erkalten lassen. Mit dem Schraubdeckel fest verschließen. Kühl und dunkel aufbewahren. Die Konfitüre ist 1 Jahr haltbar.

SERVIERVORSCHLÄGE

1. Als großzügiger Belag auf gebuttertem warmen Toast! Besonders lecker auf getoastetem Sodabrot (s. Rezept S. 45).

2. Perfekt für Scones (s. Rezept S. 42).

3. Zu Keksen.

4. Köstlich als Füllung für Victoria-Sandwiches (s. Rezept S. 159).

5. Superschnelles Dessert: Einen Löffel Konfitüre in einen griechischen Joghurt rühren und mit gerösteten Mandeln und einigen Pistazien bestreuen.

Fudge versetzt mich in meine Kindheit zurück. Zu meinem siebten Geburtstag schenkten mir meine Großeltern einen Holzlöffel, eine Rührschüssel und mein erstes Kochbuch, Margaret Powells Buch „Sweet Making for Children", das ich noch immer besitze. Inzwischen ist es sehr abgegriffen, bekleckert und ausgeblichen. Auch den Holzlöffel benutze ich noch und schätze ihn sehr, er ist mein Fudge-Löffel! Ich habe mich an der Zubereitung von Marshmallows, Fruchtgelee, Pfefferminzfondant, Türkischem Honig, Kokos-Eis und Fudge versucht – mit unterschiedlichem Erfolg. Fudge ist und bleibt dabei mein Lieblingsrezept und ich mache es noch gelegentlich als Leckerei. Das ursprüngliche Rezept wurde nach jahrelangen Versuchen beträchtlich verändert, damit es noch besser wird.

ZUTATEN

1 kleine Dose (400 g) gesüßte Kondensmilch
400 g Zucker
3 EL Golden Syrup
(ersatzweise Zuckerrübensirup oder Honig)
115 g Butter
2 TL Essig
1 TL reiner Vanilleextrakt
(ersatzweise gemahlene Vanille)

ZUBEREITUNG

* Ergibt etwa 144 Stücke (2 cm im Quadrat)
* Man braucht 1 quadratische Backform mit 20 cm Seitenlänge

1. Kondensmilch, Zucker, Golden Syrup und Butter in einen Topf mit schwerem Boden geben. Unter Rühren bei schwacher Hitze erwärmen, bis sich der Zucker auflöst.
2. Aufkochen und 10–15 Minuten unter ständigem Rühren köcheln lassen, immer wieder auch vom Topfboden abkratzen (brennt sonst leicht an). Äußerst vorsichtig beim Kochen und Rühren des Fudge sein, denn er ist sehr heiß.
3. Um zu testen, ob das Fudge fertig ist, 1 TL der Mischung in eine Schüssel mit eiskaltem Wasser tropfen lassen. Dabei sollte sich eine weiche Kugel bilden. (Man kann es auch mit einem Zuckerthermometer testen, das 118 °C anzeigen sollte, aber mit der vorher genannten Methode hat es immer gut geklappt.)
4. Wenn die Masse fertig ist, von der Kochstelle nehmen und Essig und Vanille unterrühren. 1 Minute kräftig schlagen, die Masse anschließend in die mit Backpapier ausgelegte Form gießen.
5. Etwa 20 Minuten abkühlen lassen, das Fudge sollte noch nicht völlig fest sein.
6. Mithilfe des Backpapiers aus der Form heben und auf ein Schneidbrett legen. Mit einem scharfen Messer mit langer Klinge in kleine Quadrate oder Riegel schneiden.
7. Komplett abkühlen lassen, erst dann in ein luftdicht verschließbares Gefäß oder Glas füllen. Es ist so 2 Wochen haltbar, später wird es etwas trocken.

ABWANDLUNGEN

1. Direkt bevor die Masse in die Form gegossen wird, eine Handvoll Pekannüsse oder Rosinen untermischen.
2. Für Schokoladenfudge 120 g fein gehackte hochwertige dunkle Schokolade zusammen mit der Vanille und dem Essig untermischen. Alles sehr gut verschlagen.

VERWENDUNGSMÖGLICHKEITEN

1. Fudge ist immer ein willkommenes Geschenk. Verschenken Sie es in einem kleinen, mit Bändern verschlossenen Zellophantütchen, einer dekorativen Dose oder einem hübschen Glasgefäß.
2. Nach dem Essen als Süßigkeit zum Kaffee servieren.
3. Über Vanille-Eiscreme (s. Rezept S. 189) zerbröseln.
4. Zerbröseln und unter den Teig für Shortbread oder Schoko-Cookies mischen.

FUDGE

für jeden Anlass

LEMON CURD

süß und vielseitig

Schon als Kind habe ich gerne gekocht. Ich liebte es, meiner Mutter in der Küche zuzusehen und nach Möglichkeit auch dasselbe wie sie zu machen. Mama war die großartigste Kochlehrerin und Kochkritikerin, die man sich vorstellen kann. Sie war immer voller Lob und Ermutigung, aber auch absolut ehrlich, wenn etwas nicht ihren Erwartungen entsprach.
In meiner Kindheit war das größte örtliche Ereignis des Jahres „The Royal Agricultural Show" (die Königliche Landwirtschaftsschau in Pietermaritzburg, Südafrika). Es gab eine Parade der schönsten und ausgefallensten Nutztiere, aber auch Traktoren in Hülle und Fülle, außerdem viele Wettbewerbe für verschiedene häusliche Tätigkeiten wie Kochen und Handarbeiten für Jung und Alt, alles auf sehr hohem Niveau. Meine Mutter gewann immer viele Preise, insbesondere für ihre Konfitüren, Essiggurken und ihr Eingemachtes, aber auch für ihre schönen Stickereien. Als ich etwa acht Jahre alt war, fing ich ebenfalls an, Scones, Biskuitrollen, Fudge und Lemon Curd in den Junior-Kochklassen einzureichen. Über die Jahre war es mein Lemon Curd, mit dem ich die größten Erfolge hatte.

ZUTATEN

2 Eier (Größe L)
200 g feiner Zucker
140 g Butter
abgeriebene Schale und Saft von 2 Bio-Zitronen

ZUBEREITUNG

* Ergibt ein 450-g-Glas
* Man braucht 1 sterilisiertes 450-g-Glas mit Deckel

1. Die Eier verquirlen und mit Zucker, Butter, Zitronenschale und dem gefilterten Zitronensaft in einen Wasserbadtopf geben, der über siedendem Wasser steht. Wenn Sie keinen Wasserbadtopf haben, können Sie auch eine Glasschüssel nehmen, die Sie über einen Topf mit siedendem Wasser stellen. Sorgfältig darauf achten, die Mischung nicht zu überhitzen, da sie sonst gerinnt.
2. Gut rühren, um den Zucker aufzulösen und 15–20 Minuten sieden lassen, bis die Masse dicklich wird (beim Abkühlen dickt sie noch weiter ein).
3. In das vorgewärmte sterilisierte Glas füllen und nach dem vollständigen Abkühlen das Glas verschließen. Es ist im Kühlschrank 2 Wochen haltbar.

ABWANDLUNGEN

1. Die Zitronen können durch Limetten und Orangen ersetzt werden, etwas Zitronensaft sollte aber dennoch mitverwendet werden.
2. 1 EL Orangenblütenwasser direkt vor dem Abfüllen unterrühren. Es verleiht dem Lemon Curd ein reizvolles Aroma und eignet sich besonders für Lemon-Curd-Törtchen.

VERWENDUNGSMÖGLICHKEITEN

1. Toast, Brot oder Scones damit bestreichen.
2. Mit derselben Menge Schlagsahne mischen und als Füllung für Törtchen verwenden (s. Rezept für „Lemon-Curd-Törtchen" S. 141).
3. Ergibt eine köstliche Füllung für Kuchen, Biskuitrouladen und Profiteroles.
4. Sie können es als Füllung zwischen 2 kleine Meringues streichen (diese müssen jedoch innerhalb einer Stunde verzehrt werden!).
5. Löffelweise über Eiscreme geben und mit frischen Beeren dekorieren.
6. Unter Joghurt gemischt ein superschnelles Dessert.

ORANGEN-, ZITRONEN- UND LIMETTENSIRUP

ideal für unterwegs

ZUTATEN

900 g Zucker

4 TL Weinsäure

abgeriebene Schale und Saft von je 2 großen Bio-Orangen, 1 Bio-Zitrone und 1 Bio-Limette

ZUBEREITUNG

* Ergibt 1,5 l Fruchtsaftkonzentrat
* Man braucht 2 Glasflaschen à 750 ml mit Korken oder Drehverschluss

1. Zucker und 850 ml Wasser in einen Topf geben. Unter Rühren aufkochen, um den Zucker aufzulösen. 3–4 Minuten kochen lassen.
2. Die Schalen aller Zitrusfrüchte und die Weinsäure in eine große Schüssel geben und mit dem heißen Zuckersirup übergießen. 24 Stunden ziehen lassen.
3. Den Saft der Zitrusfrüchte zugeben, durchseihen und abfüllen. Vor dem Verschließen der Flaschen den Sirup völlig erkalten lassen. Er ist im Kühlschrank 4 Wochen haltbar.
4. Zum Servieren ein Teil Sirup mit 4–5 Teilen eisgekühltem Wasser verdünnen, entweder stilles oder mit Kohlensäure versetztes Wasser nehmen.
5. Für einen erfrischenden Sommerdrink den Sirup mit kohlensäurehaltigem Wasser und viel Eis mischen. Anschließend dünne Gurken- und Limettenscheiben zugeben und mit einigen Minzeblättchen dekorieren.

ABWANDLUNGEN

1. Bei den Zitrusfrüchten können Sie variieren, solange Sie die Mengenangaben einhalten.
2. Ein „tropisches" Aroma erhalten Sie, wenn Sie das Mark von 4 Maracujas zu den Zitrusschalen geben und über Nacht mit einweichen.
3. Minze verleiht dem Sirup ein herrlich frisches Aroma. Ein paar Stängel zu den Zitrusschalen geben und über Nacht mit einweichen. Die Blätter an den Stängeln lassen, da diese viel Aroma enthalten!

IKH Prinz Charles und Prinzessin Diana unterwegs mit ihren Söhnen Prinz William und Prinz Harry an Deck der Royal Britannia in Toronto, Kanada.

Im Königlichen Haushalt zählt der „Lemon Refresher" seit langem bei vielen Familienmitgliedern zu den Lieblingsgetränken. Es ist ein herber hausgemachter Zitronensirup, von dem ich im Lauf der Jahre schon sehr viele Liter zubereitet habe. Er gehörte zur Standardausrüstung auf Auslandsreisen und wurde schon an einigen ziemlich exotischen Orten serviert. Ich bin mit einem ähnlichen Zitrussirup aufgewachsen, der bei uns „Home Brew" („Hausgebräu") hieß. Meine Mutter bereitete ihn mit Gartenfrüchten zu. Wir lebten in Südafrika, wo mein Vater, ein begnadeter Gärtner, viele Zitrusbäume im Garten gepflanzt hatte. Wenn diese Früchte trugen, hatten wir Unmengen von Zitronen, Orangen, Limetten, Kumquats, Grapefruits und „naartjies" (hierzulande als Tangerinen bezeichnet) zu verarbeiten. Ich mag dieses Rezept, weil man jegliche Kombination von Zitrusfrüchten verwenden kann, die man zur Verfügung hat oder besonders gerne mag.

REICHHALTIGE SCHOKOLADENSAUCE

mit Sahne

Noch habe ich niemanden kennengelernt, der nicht von dieser Schokoladensauce schwärmt! Im Lauf der Jahre wurde ich immer wieder um Rezepte von Gerichten gebeten, die ich serviert hatte. Dieses musste ich öfter herausgeben als jedes andere. Wie zu hören war, kommt es immer wieder vor, dass die Sauce kalt und löffelweise direkt aus dem Glas genascht wird, versteckt hinter der Kühlschranktür … Dafür braucht es kein Eis und auch keine weitere Erklärung – sie ist einfach so gut!

ZUTATEN

60 g hochwertige dunkle Schokolade
120 g Butter
120 g brauner Zucker
60 g Golden Syrup (ersatzweise Zuckerrübensirup)
2 EL ungesüßtes Kakaopulver
100 g Sahne
1 TL reiner Vanilleextrakt (ersatzweise gemahlene Vanille)

ZUBEREITUNG

* Ergibt 350 ml

1. Die Schokolade in kleine Stücke hacken und mit allen anderen Zutaten in einen Topf mit schwerem Boden geben.
2. Bei schwacher Hitze erwärmen, um die Butter zu schmelzen und den Zucker aufzulösen.
3. 1 Minute unter ständigem Rühren köcheln lassen (die Masse brennt sehr leicht an).
4. Sofort servieren oder zum Aufbewahren in ein Glas mit Deckel füllen. Vor dem Verschließen völlig abkühlen lassen, anschließend im Kühlschrank aufbewahren. Die Sauce ist 3 Wochen haltbar.

ABWANDLUNGEN

Einen beliebigen Likör dazugeben: Crème de Menthe für eine Schoko-Minz-Sauce, Cointreau für eine Schoko-Orangen-Sauce oder Amaretto für eine Schoko-Mandel-Sauce.

VERWENDUNGSMÖGLICHKEITEN

1. Die beste Verwendung: über Vanille-Eiscreme geträufelt (s. Rezept S. 189)! Sie können auch pochierte Pfirsiche dazugeben und das Ganze mit gerösteten Mandeln bestreuen.
2. Perfekt über Profiteroles mit Sahnefüllung.

EINFACHES APFELCHUTNEY

mit Rosinen

Wenn Sie einen Baum voller Äpfel haben und keinen Apfelkuchen mehr sehen und essen können, bereiten Sie einmal dieses Chutney zu! Es ist einfach und schnell zu machen und eine sehr sinnvolle Reserve im Vorratsschrank. Reichen Sie es zu einem „Ploughman's Lunch" (Brot mit Käse oder Schinken und eingelegtem Gemüse), es schmeckt viel besser als jedes fertig gekaufte Produkt! Damit lassen sich Sandwiches wunderbar aufpeppen. Dieses Rezept stammt aus dem handgeschriebenen Rezeptbuch meiner Großmutter, das inzwischen beinahe hundert Jahre alt ist, es hat sich also über die Zeiten bewährt!
Wenn Sie Ihr Chutney scharf und würzig mögen, verwenden Sie einfach mehr Chili und würzen es stärker.

ZUTATEN

800 g Kochäpfel
200 g große Schalotten
3 rote Chilischoten
450 g brauner Zucker
115 g dicke Rosinen
½ TL frisch gemahlener schwarzer Pfeffer
1 TL zerstoßene Koriandersamen
2 EL Salz
½ TL Cayennepfeffer
400 ml Apfelessig

ZUBEREITUNG

* Ergibt 2 Gläser à 450 g
* Man braucht 2 450-g-Gläser mit gut schließendem Deckel oder Einmachgläser

1. Äpfel und Schalotten schälen. Kerngehäuse aus den Äpfeln schneiden und das Fruchtfleisch würfeln, die Schalotten in Scheiben schneiden. Chili halbieren, entkernen und in dünne Scheiben schneiden.
2. Äpfel und Schalotten mit 100 ml Wasser in einen großen Topf mit schwerem Boden oder einen Einmachtopf geben und 5–10 Minuten köcheln lassen, damit die Äpfel anfangen, weich zu werden.
3. Alle weiteren Zutaten zugeben und gut vermischen.
4. Unter Rühren aufkochen, dann etwa 30 Minuten bei schwacher Hitze köcheln lassen. Häufig kontrollieren, dass nichts am Boden anhaftet oder anbrennt. Wenn ein Großteil der Flüssigkeit verdampft ist und das Chutney deutlich eingedickt ist, ist es fertig.
5. In vorgewärmte und sterilisierte Gläser füllen. Vor dem Verschließen völlig auskühlen lassen. Das Chutney hält sich mindestens 12 Monate. Es muss lediglich nach dem Öffnen im Kühlschrank aufbewahrt werden.

VERWENDUNGSMÖGLICHKEITEN

1. Würstchen und Kartoffelpüree bekommen mehr Würze, wenn Sie ein paar Löffel Chutney in die Sauce geben.
2. Zu „Neuen Kartoffeln in Pancette-Hülle" (s. Rezept S. 20) servieren.
3. Als appetitliches Geschenk einen hübschen Löffel an das Glas binden und zusammen mit einem besonderen Käse und Haferplätzchen verschenken.

ERDBEER-MARACUJA-KONFITÜRE

mit Früchten der Saison

Zwei Dinge gab es in Highgrove, die nur dann auf dem Speiseplan standen, wenn sie frisch im Garten geerntet werden konnten. Das eine war Spargel, das andere waren Erdbeeren. Die Vorfreude auf die Erntezeit, beides nur während zwei oder drei Monaten im Jahr zu essen, trug zum Genuss bei. Oft wurden die Erdbeeren innerhalb weniger Stunden nach dem Ernten serviert und schmeckten einfach herrlich. Ich glaube, es gibt kein köstlicheres Dessert als frisch gepflückte Erdbeeren mit Sahne. Als Koch kam man in dieser Zeit immer gut weg, denn es gab nur wenige andere Desserts auf dem Speiseplan außer frischen Erdbeeren mit Sahne.

ZUTATEN

1 kg kleine Erdbeeren (nach dem Putzen und Waschen nicht weniger als 900 g)

900 g Gelierzucker 1:1

Saft von 1 kleinen Zitrone

6 große Maracujas

ZUBEREITUNG

* Ergibt 2–3 Gläser
* Man braucht 2–3 sterilisierte Konfitürengläser oder Einmachgläser mit gut schließendem Deckel

1. Die Erdbeeren in kaltem Wasser abspülen, sorgfältig abtrocknen, die Blütenansätze entfernen und die Früchte halbieren.
2. Die Beeren zusammen mit Zucker und Zitronensaft in eine große Schüssel (keine Metallschüssel) geben. Zudecken und über Nacht in den Kühlschrank stellen.
3. Die Maracujas halbieren, das Fruchtfleisch mit einem Löffel herausholen und durch ein Sieb streichen, um die Kerne zu entfernen. Den Saft zu den Erdbeeren geben.
4. Früchte und Saft in einem Einmachtopf aufkochen. Die Früchte sprudelnd kochen lassen, dabei gut im Auge behalten, damit sie nicht überkochen! Etwa 20 Minuten kochen lassen.
5. Anschließend zum Testen eine kleine Menge Konfitüre auf einen kleinen Teller tropfen lassen und ein paar Minuten ins Tiefkühlfach stellen. Wenn man dann mit dem Finger durchfährt, sollte sich auf der Oberseite eine Haut gebildet haben, die Falten wirft.
6. Die fertige Konfitüre in vorgewärmte sterilisierte Gläser füllen und völlig auskühlen lassen. Die Gläser gut verschließen. Kühl und dunkel aufbewahrt ist die Konfitüre mindestens 12 Monate haltbar.

VERWENDUNGSMÖGLICHKEITEN

1. Der ultimative Belag für Scones (s. Rezept S. 42) und eine köstliche Füllung für „Victoria-Sandwiches" (s. Rezept S. 159).
2. Kinder lieben kleine Sandwiches mit Erdbeerkonfitüre.
3. Ergibt leckere kleine Konfitüre-Törtchen.
4. Einen Löffel voll über Milchreis geben!

EINE AUSWAHL AN WILDBLUMEN

natürlich und farbenfroh

Wildblumen stehen in Großbritannien unter Schutz. In Highgrove hatten wir das Glück, uns auf den Wiesen und im Baumgarten an vielen dieser schönen Pflanzen erfreuen zu können.

MATERIAL

Vergissmeinnicht – Myosotis
Primeln – Primula
Hasenglöckchen – Hyacinthoides non-scripta
Veilchen – Viola
Schlüsselblumen – Primula

Mit beginnendem Frühling, wenn die ersten Wiesenblumen erblühten, pflückte ich kleine Sträuße und stellte sie auf die Nachttische, sodass SKH der Prince of Wales und seine Gäste daran ihre Freude hatten. SKH mag besonders gerne natürliche Arrangements, daher gestaltete ich auf seinen Wunsch hin einfache Nachbildungen eines Waldbodens mit Primeln, Hasenglöckchen und Veilchen. Sammeln Sie Wald- und Wiesenblumen, arrangieren Sie sie zu kleinen Sträußchen und stellen Sie diese in farbige Gläser, um Ihren eigenen Naturtisch zu gestalten.

KRÄUTERSTRÄUSSE

wohlriechendes Arrangement

Als „Tussy Mussies“ bezeichnete man früher zu Sträußen gebundene Kräuter, die die Damen bei sich trugen, um unangenehme Gerüche zu bannen, bevor regelmäßiges Baden üblich wurde. Ein solches Sträußchen enthielt neben Kräutern häufig auch Blumen. Es konnte an einer Kette in der Taille getragen und nach Bedarf an die Nase geführt werden.

MATERIAL

Minze – Mentha

Rosmarin – Rosmarinus

Thymian – Thymus

Oregano – Origanum

Da der ummauerte Garten in Highgrove eine herrliche Palette an Kräutern zu bieten hatte, gestaltete ich häufig eine Mitteldekoration für den Tisch nur aus Kräutern. An warmen Sommerabenden verströmten die Kräuter besonders stark ihre Wohlgerüche und SKH der Prince of Wales notierte bestimmte Kombinationen, wobei die Verbindung von Minze und Geißblatt zu seinen Favoriten zählte.

Kleine Sträuße aus gemischten Kräutern lassen sich ganz einfach zusammenstellen. Nehmen Sie dafür, was Ihr eigener Garten hergibt. In einen kleinen Krug oder eine kleine Vase stellen oder als Dekoration zum Trocknen aufhängen. Kombinieren Sie beispielsweise nebenstehende Kräuter.

IMPRESSUM

Streitfeldstraße 35, 81673 München
www.callwey.de
E-Mail: buch@callwey.de

Bibliografische Information der Deutschen Nationalbibliothek
Die Deutsche Nationalbibliothek verzeichnet diese Publikation in der Deutschen Nationalbibliografie; detaillierte bibliografische Daten sind im Internet über <http://dnb.d-nb.de> abrufbar.

ISBN 978-3-7667-2044-3

Rezept-Bilder: Simon Brown; Persönliche Dokumente und Fotografien: Carolyn Robb, Sarah Champier
Ansonsten: S. 73, 170 Chris Jackson/Getty Images, S. 82 Fiona Hanson/AFP/Getty Images, S. 90 Carl de Souza/AFP/Getty Images, S. 118, 126, 204 Tim Graham/Getty Images, S. 129 Anwar Hussein/Getty Images, S. 141 David Cheskin/WPA Pool/Getty Images, S. 148 John Phillips/UK Press via Getty Images, S. 164 Anwar Hussein Collection/ROTA/Wire Image, S. 175 Terry Fincher/Princess Diana Archive/Getty Images

Übersetzung: Christa Trautner-Suder, Weilheim
Lektorat: Bettina Snowdon, Hamburg
Umschlaggestaltung: Anzinger | Wüschner | Rasp, Agentur für Kommunikation GmbH, München,
Grafisches Konzept, Layout und Satz: Gramisci Editorialdesign, Stefanie Wawer
Druck und Bindung: Mohn Media Mohndruck, Gütersloh

Printed in Germany